·升级版·

趣味变型数独题集

米艳明◎编著

知识产权出版社
全国百佳图书出版单位

图书在版编目（CIP）数据

趣味变型数独题集：升级版 / 米艳明编著. — 北京：知识产权出版社，2018.5
ISBN 978-7-5130-5528-4

Ⅰ. ①趣⋯ Ⅱ. ①米⋯ Ⅲ. ①智力游戏 Ⅳ. ① G898.2

中国版本图书馆 CIP 数据核字（2018）第 074460 号

内容提要

数独作为一种数字类谜题游戏，让读者在解题的过程中有效地锻炼大脑的反应能力和逻辑推理能力，受到各个年龄段读者的喜爱。《趣味变型数独题集：升级版》精选了20种变型数独题型，共计200道题，不仅有额外区域数独、重影数独、候选数数独、箭头数独、连续数独等大赛中常见题型，还集结了反对角线数独、外提示3数独、标杆数独等市面难觅的题型。本书不仅可以为开拓孩子数学思维使用，也可供准备参加大赛的选手提高解题水平练习使用，是数独爱好者必备的变型数独练习题集。书中各种题型依据难易程度，循序渐进，难度设置合理并配有答案。

责任编辑： 李小娟   **责任出版：** 刘译文

趣味变型数独题集：升级版
QUWEI BIANXING SHUDU TIJI: SHENGJIBAN
米艳明　编著

出版发行：	知识产权出版社有限责任公司	网　址：	http://www.ipph.cn
电　话：	010-82004826		http://www.laichushu.com
社　址：	北京市海淀区气象路 50 号院	邮　编：	100081
责编电话：	010-82000860 转 8531	责编邮箱：	lixiaojuan@cnipr.com
发行电话：	010-82000860 转 8101	发行传真：	010-82000893
印　刷：	三河市国英印务有限公司	经　销：	各大网上书店、 新华书店及相关专业书店
开　本：	880mm×1230mm　1/32	印　张：	7.5
版　次：	2018 年 5 月第 1 版	印　次：	2018 年 5 月第 1 次印刷
字　数：	144 千字	定　价：	35.00 元

ISBN 978-7-5130-5528-4

出版权专有　侵权必究
如有印装质量问题，本社负责调换。

前言

数独作为一种数字推理游戏，自诞生以来就受到人们的喜爱。传入中国以来，随着不断的推广发展，越来越多的人开始接触数独，不断涌现出一群高水平的选手。2017年在印度举行的第12届世界数独锦标赛中，中国数独国家队夺得了团体冠军，标志着我国的数独竞技达到了世界一流水平。

一般爱好者都是从标准数独入手，随着水平的进步或者参加比赛的需要，开始接触变型数独。由于变型数独种类繁多、题型多变，许多人刚开始接触时，往往摸不清门道，甚至连规则也弄不清楚，一头雾水。而市面上关于标准数独的教程和题集有很多，但是专门介绍变型数独的教程却凤毛麟角，尤其是一些不常见的题型，更是难觅踪迹，爱好者只能在专业比赛中寻得一两道题。

根据上述情况，笔者特意精选了微信公众号"高端数独"中最受欢迎的 20 种变型数独题型，介绍给大家。每一种题型都配备详细的规则，并以图文解说的形式详细讲解解题方法，同时，针对书中题目介绍了一些基础的变型技巧。

本书针对有一定基础的数独爱好者。对喜爱变型数独的初学者而言，本书既能够提高解题技能，又可以帮助开拓新的解题思路。

目录/CONTENTS

第一章 | 规则及解题方法介绍 /001

第二章 | 变型数独练习题 /031

　　额外区域数独　/032

　　斜窗数独　/042

　　重影数独　/052

　　反对角线数独　/062

　　排除数独　/072

　　候选数数独　/082

　　提示差1数独　/092

　　外提示3数独　/102

标杆数独　/112

箭头数独　/122

选一加数独　/132

运算数独　/142

X位和数独　/152

最大位提示数独　/162

距离数独　/172

连续数独　/182

寻九数独　/192

联通数独　/202

依偎数独　/212

经纬数独　/222

第一章

规则和解题方法介绍

一、额外区域数独

1. 规则

将数字 1~9 填入空格内,使每行、每列和每宫的数字不重复;每一组独立的灰格内数字为 1~9 且不重复。

2. 解题方法介绍

额外区域顾名思义,即额外划定的区域内也应填入数字 1~9 且不重复,如图 1-1 所示,左上角九个连续灰格和右下角灰色区域填入数字 1~9,可以把灰色区域当作额外的宫来理解。

解额外区域数独时,多利用额外区排除法、唯余法或盘面形成的区块来解题。如图 1-1 所示,先观察左上额外区域的数字 7,用 A2 格和 C6 格的数字 7 对额外区进行排除,得出 D3=7,同理,得出 E2=3。观察右下额外区域,利用 A6 格和 D7 格的数字 2,对其进行排除,得出 G8=2。具体答案如图 1-2 所示。

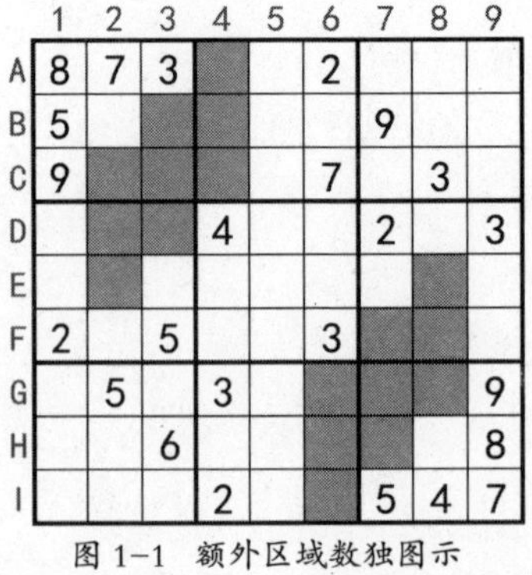

图 1-1 额外区域数独图示 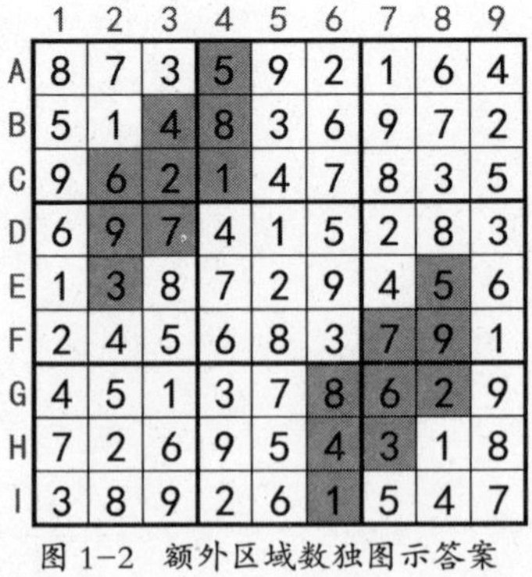　　图 1-2 额外区域数独图示答案

二、斜窗数独

1. 规则

将数字1~9填入空格内,使每行、每列和每宫的数字不重复;每个斜窗所在单元格内的数字不重复。

2. 解题方法介绍

根据盘面理解规则,如图1-3所示,斜线上的八个灰格内的数字不重复,其余斜窗上的斜线同理。

这个题型和额外区域数独有点类似,不过只有八个斜窗格,所以不能当作额外宫来看待,不能直接用排除法,如图1-3所示,右下角(八宫和九宫)的斜窗上,利用A6格、H7格排除时,并不能直接得出G5=7,因为只有八个格子的斜窗不是必然包含数字7。除非确定斜窗上没有某数时,才能使用排除技巧。

利用斜窗上出现的数字对斜窗其他部分进行排除,如图1-3所示,

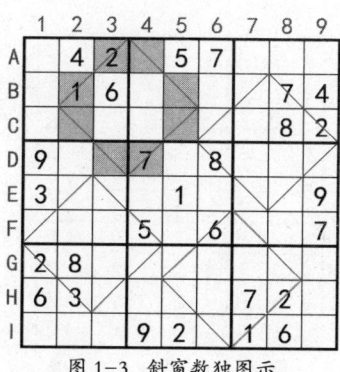

图1-3 斜窗数独图示

C9 格和 E7 格同属一个斜窗，C9 格的数字 2 对 E7 格排除，同理，H8 格的数字 2 对 F7 格排除，得出 D7=2。

三、重影数独

1. 规则

实线和虚线部分各为一个标准数独，满足将数字 1~9 填入空格内，使每行、每列和每宫的数字不重复。

2. 解题方法介绍

解重影数独时，第一步把虚线理解成一个标准数独，如图 1-4 所示，实线盘的 A 行和 1 列、虚线盘的 I 行和 9 列共用中间的八个数字，这些数字是互补的，因而题目中如果给出实线盘 A2 格的数字 5，那么就可以直接填出正下方的数字 5。另外，在观察盘面时，要特别留心勿将虚线宫和实线宫混淆，交替做两个标准数独即可。

	1	2	3	4	5	6	7	8	9	
A	2	5	3	6	9	7	4	1	8	
B	1	9	4	5	8	2	3	7	6	1
C	8	6	7	3	1	4	5	9	2	8
D	4	8	2	1	6	9	7	5	3	4
E	6	1	5	7	3	8	9	2	4	6
F	7	3	9	2	4	5	6	8	1	7
G	5	4	6	8	7	1	2	3	9	5
H	9	2	1	4	5	3	8	6	7	9
I	3	7	8	9	2	6	1	4	5	3
		5	3	6	9	7	4	1	8	2

图 1-4　重影数独图示答案

四、反对角线数独

1. 规则

将数字1~9填入空格内,使每行、每列和每宫的数字不重复;每一条斜线上只能填入三个数字。

2. 解题方法介绍

如图1-5所示,有两条对角线,一条对角线上有数字2、4和7,另一条对角线上有数字1、7、8,根据规则,当对角线上出现某数字时,同一条对角线上的另外两宫中也必须出现该数字,同理,当某一宫的对角线上不能有某数字时,其他两宫的对角线上可以直接排除该数字,特别要注意E5格,这一格同属于两个斜线,经常会有更多的线索在这个格子上面,当斜线上锁定在某三个数字时,题目就变成了标准数独,即可以得到答案。

	1	2	3	4	5	6	7	8	9
A	7	9	2	5	8	3	1	6	4
B	5	1	3	4	2	6	9	7	8
C	6	4	8	7	9	1	2	3	5
D	9	5	6	1	3	4	8	2	7
E	8	2	1	9	7	5	6	4	3
F	4	3	7	2	6	8	5	1	9
G	3	8	4	6	1	9	7	5	2
H	1	7	9	3	5	2	4	8	6
I	2	6	5	8	4	7	3	9	1

图1-5 反对角线数独图示答案

五、排除数独

1. 规则

将数字 1~9 填入空格内，使每行、每列和每宫的数字不重复；圈内数字表示周围四格内没有此数字。

2. 解题方法介绍

如图 1-6 所示，一宫的提示数 5 表示 A2 格、A3 格、B2 格和 B3 格这四格中没有数字 5，观察九宫的提示数 8，表示 G8 格、G9 格 、H8 格和 H9 格这四格没有数字 8。在解排除数独时，多观察相同排除的数字，如四宫有三个提示排除的数字 2，只剩下 D1 格可以填入数字 2，得出 D1=2。观察八宫，G4 格和 H4 格有提示数 4，配合 F6 格和 I7 格的已知数 4，可得到 H5=4。如果没有直接的线索，可以多观察提示数排除后在宫内形成的区块。如图 1-6 所示，八宫有两个提示数 5，八宫的 5 列和 6 列都排除了数字 5，于是在八宫的

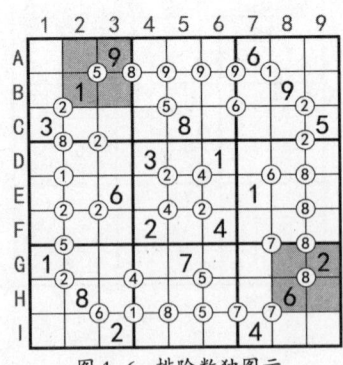

图 1-6　排除数独图示

4列中G4格、H4格和I4格形成了含数字5的区块，这里含数字5的区块暂时没有用处，可以先标记，在后面的解题过程中继续使用。

六、候选数数独

1. 规则

将数字1~9填入空格，使每行、每列、每宫的数字不重复；空格内给出的候选数表示该格内可能填入的数字。

2. 解题方法介绍

如图1-7所示，盘面每一格都给出一些数字，这些数字是暂时不能确定所填数字时，先填入的候选数，如A2格内数字为"1、2"，表示这个格只能填入数字1或者2；D1格内数字为"1、3"，表示D1格只能填入数字1或者3。

解候选数数独时，第一步先试着找出只有一个候选数字的格子，这样就能直接确定该格的数字，如D8格内只有一个数字"1"，所以该格只能填入数字1。第二步利用已确定的数字，如F8格有数字"1、9"，而D8格已经确定为数字1，F8格只能填入数字9。第三步如果盘面没有单候选数字，可以从行、列、宫里去找数对或数组，利用他们删除候选数，接着再找线索，如B行的B2格和B7格的"5、9"形成的数对，5列的C5格、D5格和I5格形成的1、5、7数组，利用这两个线索，可以删除B5格的候选数7、9，得出B5=4。第四步，如果这些条件都找不到，可以试着找行、列、宫中是否有，只有某一格有某一候选的情况,同样可以直接确定这一格应填入的数字,如 A 行中只有 A9 格有候选数 7,可以直接确定 A9=7。

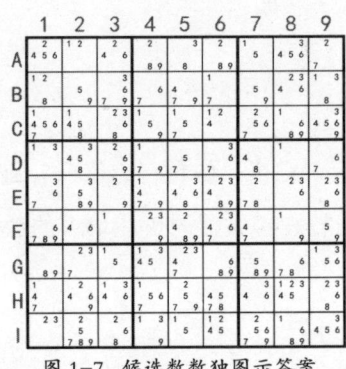

图 1-7 候选数数独图示答案

七、提示数差 1 数独

1. 规则

将数字 1~9 填入空格内,使每行、每列和每宫的数字不重复;空格内所填数字与该格左上角的提示数差值是 1。

2. 解题方法介绍

如果一个空格的提示数是 1 或者 9,那么可以确定该格内应填入的数字为 2 或者 8,如图 1-8 所示,C4 格的提示数为 3,那么可以确定该格的候选数为 2、4,如果某行、列或宫中只有两个相同的提示数,即形成数对,如一宫 B2 格、C1 格两格的提示数是 8,这样 B2 格和 C2 格的候选数都是 7、9,形成了 7、9 数对,一宫其他格就排除了这两个数字；2列B2格和D2格的提示数都是8，同样形成7、9数对，2列H2格的提示数6，可能的候选数为5、7，根据刚才出现的7、9数对，排除数字7，可以直接得出H2=5（如图1-9所示）。

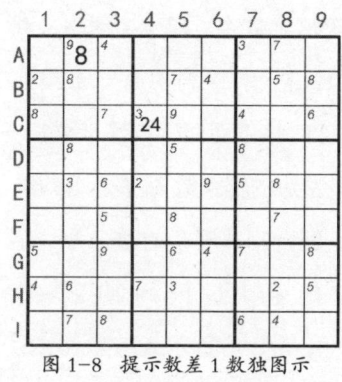

图1-8 提示数差1数独图示 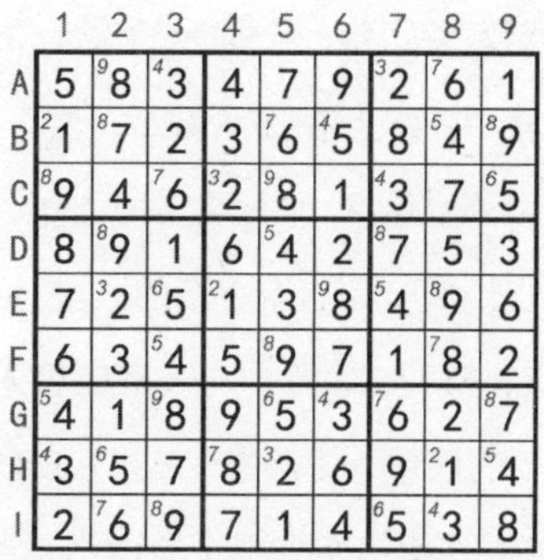　　图1-9 提示数差1数独图示答案

八、外提示3数独

1. 规则

将数字1~9填入空格内，使每行、每列和每宫的数字不重复；框外提示数表示此方向上该行或列前三格包含的数字。

2. 解题方法介绍

根据答案盘面理解规则，如图1-10所示，B1格外面的提示数1、2和5，表示B1格、B2格和B3格三格为数字1、2和5；再观察C9格后面的提示数4、7，表示C7格、C8格和C9格包含数字4、

7，数字4、7顺序没有限制。

做外提示3数独时，第一步先从四个角宫看起，即一宫、三宫、七宫和九宫，因为角宫两侧都有提示数字，线索比较多，容易观察出的数字也比较多。如图1-11所示，一宫上面和左侧的提示数有重复，即可直接确定交叉处为该数字。当直接线索用完后，可以利用区块，每一个提示数表示在前三格有这个数字，即一个区块，观察A2格上有提示数6，表示A2格、B2格和C2格中有一个格应填入数字6，形成含数字6的区块。观察I3格下面同样有提示数6，也形成一个含数字6的区块。观察E1格左边的提示数6，表示E1格、E2格和E3格中有一格应填入数字6，配合刚才观察的两个含数字6的区块，排除掉E2格、E3格的数字6，得出E1=6。利用区块唯余，观察E7格最上方的提示数有4和8，最下方提示数有2、3、5，这些都会形成区块。观察六宫D行右侧的提示数1、5、9和F行右侧的提示数6和8，观察到八个数字的区块都有对应数，可唯余得出E7=7（如图1-11所示）。

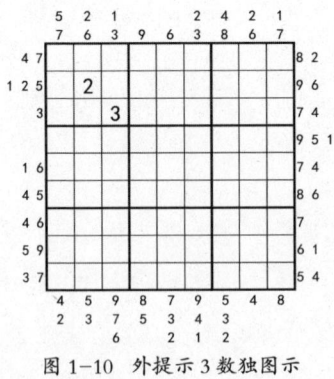

图1-10 外提示3数独图示

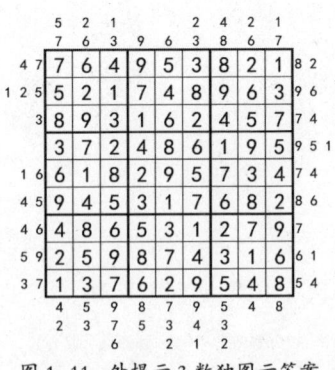

图1-11 外提示3数独图示答案

九、标杆数独

1. 规则

将数字 1~9 填入空格内，使每行、每列和每宫的数字不重复；在数字 1~9 中存在一个标杆，格内标记“←”的数字比标杆数字小，标记“→”的数字比标杆数字大，标杆数字需要自行推理。

2. 解题方法介绍

结合答案盘面理解规则，如图 1-12 所示，标杆数字是 4（需要自行推理得出），观察盘面中标记“←”的数字都比数字 4 小，如 A2 格、A3 格；标记“→”的数字都比数字 4 大，如 C2 格和 C5 格。

在解标杆数独时，标杆数字很难一开始就确定，只能通过逐步限制标杆数字的可能范围，如图 1-13 所示，A 行有两个左箭头，再

标杆= 4

	1	2	3	4	5	6	7	8	9
A	4	←3	←1	6	5	2	8	9	7
B	5	9	7	1	4	8	←2	6	←3
C	8	→6	2	3	→7	9	4	1	→5
D	2	7	8	→9	6	←1	3	5	4
E	9	1	←3	5	8	4	→7	2	6
F	6	4	5	←2	3	→7	1	8	9
G	→7	2	4	8	→9	6	5	←3	1
H	←1	5	→6	7	2	3	9	4	8
I	3	8	9	4	1	5	→6	→7	2

图 1-12　标杆数独图示答案

	1	2	3	4	5	6	7	8	9
A		←	←	6		2	8		
B		9		1	4		←	6	←
C	8	→			→				→
D	2			→	6	←		5	4
E		1	←	5		4	→	2	
F	6	4		←	3	→			9
G	→				→			←	1
H	←	5	→		2	3		4	
I			9	4		5	→	→	

图 1-13　标杆数独图示

加上 A6 格的已知数 2，可以确定箭头最小数字为 1 和 3，即标杆数字最小为数字 4。同理，再观察右箭头，I 行有两个右箭头，再加上 I3 格的已知数字 9，箭头最大数字为 7 和 8，即确定标杆数字最大为 6，同时，锁定标杆数字在 4、5、6 的范围内。确定标杆数字范围后，利用"→"排除比标杆数字小的候选数，如一宫的 C2 格有"→"提示，所以一定比数字 4 大，只能填数字 6 或者 7。同理，利用"←"排除掉比标杆数字大的候选数，如 D 行的 D6 格，因为有"←"提示，所以一定比数字 6 小，唯余可得出 D6=1。

十、箭头数独

1. 规则

将数字 1~9 填入空格内，使每行、每列和每宫的数字不重复；箭尾部圆圈中的数字等于其余部分之和。

2. 解题方法介绍

如图 1-14 所示，每一个箭尾圆圈中的数字是箭头其余部分数字之和，如 B2=C3+D4+E5，箭尾圆圈处 B2 格为数字 7，是箭头其他部分 C3 格、D4 格和 E5 格数字之和，需要注意的是，在箭头数独中，箭头上的数字可以重复，如八宫的箭头 H4=G5+F6。箭尾圆圈 H4 格为数字 6，箭头两个数字 G5 格、F6 格都是数字 3。

解箭头数独时，可以先试着从较长的箭头分析，重点分析箭头在同一宫的部分。如图 1-15 所示，二宫、三宫的长箭头有两格在二宫，三格在三宫，同一宫的三格中最小数字之和为1+2+3，最小两格的数字为1+2，得出A4=9，箭头上的空格二宫B5格和C6格为数字1、2，三宫B7格、A8格和B9格为数字1、2、3。一般说来，箭尾圆圈处不能为数字1，箭头上不能为数字9，再观察图1-15，C2格和A4格的数字9对三宫排除，使数字9只能出现在B7格、B8格、B9格，而B7格和B9格在箭头上，不能填入数字9，得出B8=9。

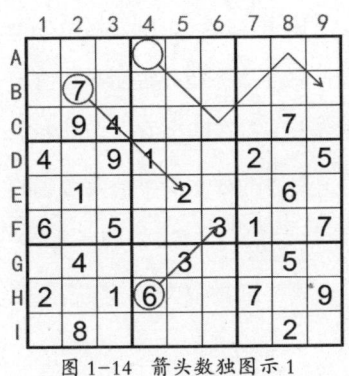

图1-14 箭头数独图示1

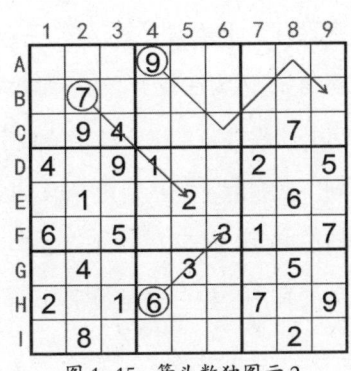

图1-15 箭头数独图示2

十一、选一加数独

1. 规则

将数字1~9填入空格内，使每行、每列和每宫的数字不重复；空格内左上角数字表示该格数字与其上、下、左、右相邻某一格的和。

2. 解题方法介绍

根据答案盘面理解规则，如图 1-16 所示，B3 格中的提示数为 12，为 B3 格数字 8 与其右侧格数字 4 之和的值，D2 格提示数 11，为 D2 格和其右侧格数字 9 之和的值，需要注意的是，这个和值可以是与其上下左右其中之一数字的和值，如 B6 格的提示数为 15，为 B5 格数字与其下方格数字 9 之和的值。

在做选一加数独题时，首先根据提示数排除格内的部分候选数，格内要填入的数字一定比提示数小，如提示数为 3，显然能填入的数字只有 1 或者 2，当提示数字是偶数时，如提示数是 6，则该格数字不能为 3，因为在其上下左右都找不到另一个数字 3 来组成提示数和值。另外，需注意，确定该格的数字时，要将上下左右四个方向全部考虑到。做题时，先从边角考虑，因为边角上相邻的数字少，需要考虑的情况也少，如图 1-17 所示，C1 格的提示数为 11，且 C1 格数字为 2，需要有一个相邻格是数字 9；再观察其右侧格提示数为 8，数字不能

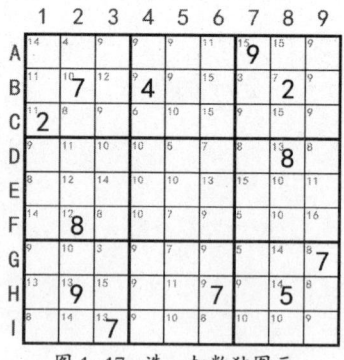

图 1-16 选一加数独图示答案　　　图 1-17 选一加数独图示

为9，下方格提示数为9，也不能填数字9，只剩下上方B1格可以填数字9，得出B1=9。再分析提示数为两数和值，即最小为数字3（1+2），最大为数字17（8+9），通过寻找较大和较小的提示数来观察线索，如B7格的提示数为3，那么该格只能填入数字1、2，根据B8格的已知数2，得出B7=1；再找一个大的候选数，如F9格的提示数为16，只能填入数字7、9，根据下方G9格的已知数7，得出F9=9。

十二、运算数独

1. 规则

将数字1~9填入空格内，使每行、每列和每宫的数字不重复；圆圈中的提示数及运算符号，表示圆圈所在"田"字格两对对角数字经过运算可以得到圆内数字。

2. 解题方法介绍

结合答案盘面理解规则，如图1-18所示，标记灰色的四个"田"字格，分别是乘、加、减、除运算，C3格的数字2和D4格的数字6经过乘运算后，得出数字12，另一个对角C4格的数字3和D3格的数字4经过乘运算也得到数字12；C6格的数字6和D7格的数字7经过加运算后得到数字13，另一个对角C7格的数字4和D6格的数字9经过加运算后，同样得到数字13；其余运算同理。

在做运算数独时，首先观察已知数旁有没有提示线索，如图

1-19所示，A1格的已知数为6，有提示"3-"，即数字6和B2格的数字经过减运算，得到结果数字3，可以确定B2格为数字3或者数字9，B7格有已知数9，直接确定B2=3；再如E8格的已知数为4，运算为"11+"，得出D7=7。如果没有这类提示，再寻找乘法和除法提示线索，因为这两个运算能排除的数字较多，如C3格和C4格处的"12×"，直接限定了这几个格子为数字2、3、4、6。需要注意的是，如果田字格不在同一宫，那么田字格内的数字可以重复，比如"8+"提示，对角数字可能是两个数字4。

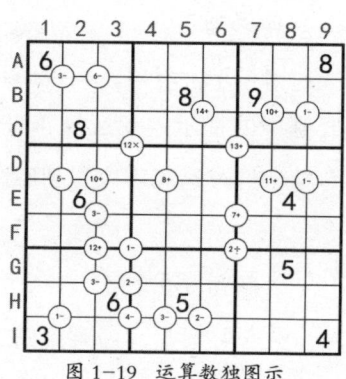

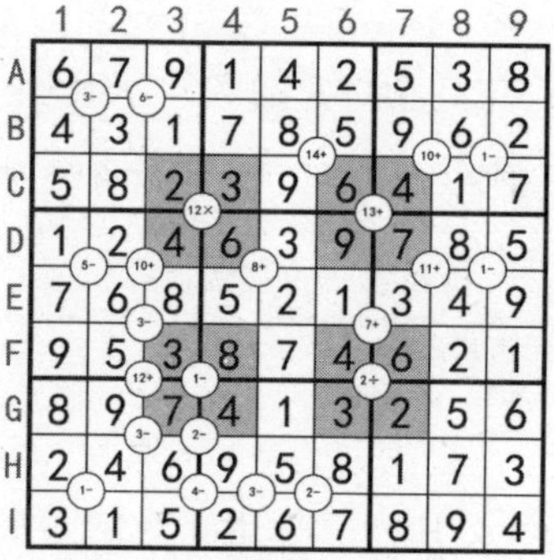

图1-18 运算数独图示答案　　　　图1-19 运算数独图示

十三、X位和数独

1. 规则

将数字1~9填入空格内，使每行、每列和每宫的数字不重复；框外数字表示从此位置观察该行或列第一位数字X，与此行或列第X位的数字之和。

2. 解题方法介绍

先理解规则，如图1-20所示，A4格上的提示数17，表示第一位数字9和该列从上到下数第九位数字8的和；同理，F9格右侧的提示数6，表示第一位数字5和该行从右往左数第五位的数字1的和，第一位数字是几，就和该行或列的第几位数字计算和值。

在做题时，先观察最外侧提示数，如果全部格子都有提示数标记，就一定有提示数2，因为当第一位数字是1时，提示数必定是2。如A9格的外提示数为2，得出A9=1。这种题型和选一加数独有点类似，提示数都是两个数字的和值，所以最大提示数是17，即8+9；同样，提示数为偶数时，第一位数字不能为17的一半。图1-20中B9格外的提示数14，只有5+9和6+8两种可能，如果第一位数字A9格是6，需要配合第六位数字A4格为8，I4格有已知数8不满足条件，所以排除数字6；如果A8格第一位数字是8，需要配合第八位数字

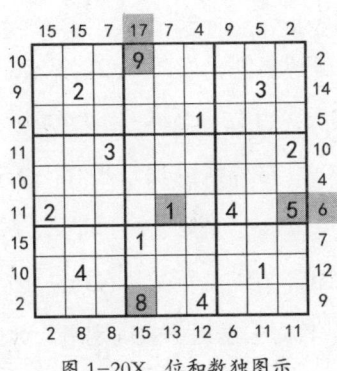

图1-20X 位和数独图示

B2格为6，而B2格已知数为2，也不满足条件，再结合F9格的已知数5，得出B9=9，配上第九位的数字5，即B1=5。观察I7格下面的提示数6，有1+5和2+4两种可能，此列有已知数4，且已知数4不在第二位（H7格），如果I7格为数字2，需要配合第二位，即H7格为数字4，所以排除数字2和4，结合九宫的已知数1，得出I7=5，第五位数字，即E7=1。

十四、最大位提示数独

1. 规则

将数字1~9填入空格内，使每行、每列和每宫的数字不重复；框外提示数表示从该处观察此行或者列前三格中最大数字的位置（用数字1、2、3来依次表示所填数字位置，最近为1，最远为3）。

2. 解题方法介绍

结合答案盘面理解规则，如图1-21所示，A1格左侧的提示数1，表示在A1格、A2格、A3格三个数字中，第一位数字最大，即A1格的数字9，A9格外侧的提示数3，表示A9格、A8格、A7格的三个数字中，最大的是第三位，即A7格的数字4，上下提示数同理，注意右侧和下方的位置是从右到左和从下到上数出来的。

在解题过程中，首先根据提示数确定最大数的位置，然后确定盘面已知线索，逐步排除。如图1-22所示，A4格上面的提示数为3，表示C4格最大，A4=8，即可得出C4=9；同理，根据F1格左侧的提示数3，得出F3=9。I7格下面的提示数3，表明从I7格处数出第三格数字最大，即G7格最大，得出G7=3，可以确定剩下的两格数字为1和2，根据H6格的已知数2，得出H7=1，I7=2。另外一个提示，在做题过程中，将已经用过的提示数划掉，使观察更方便，如确定C4格的数字后，A4格、B4格、C4格的数字全部出现，A4格上方的提示数已经没有利用价值，可以用笔划掉。

	1	3	1	3	1	2	3	2	2	
1	9	7	5	8	6	3	4	1	2	3
1	6	3	1	7	2	4	5	9	8	2
2	4	8	2	9	5	1	6	3	7	1
1	8	6	4	3	9	5	7	2	1	3
3	1	2	3	4	7	8	9	5	6	3
3	7	5	9	2	1	6	8	4	3	3
3	2	4	6	1	8	9	3	7	5	2
2	5	9	7	6	3	2	1	8	4	2
3	3	1	8	5	4	7	2	6	9	1
	2	2	1	2	3	3	3	2	1	

图1-21 最大位提示数数独图示答案

	1	3	1	3	1	2	3	2	2	
1				8	6					3
1				7						2
2			2			1	6			1
1			4	3		5		2	1	3
3	1				7				6	3
3	7	5		2		6	8			3
3			6	1			3			2
2						2				2
3					4	7				1
	2	2	1	2	3	3	3	2	1	

图1-22 最大位提示数数独图示

十五、距离数独

1. 规则

将数字1~9填入空格内，使每行、每列和每宫的数字不重复；框外线上（右）侧数字表示该行或列数字的正确顺序，线下（左）侧数字表示，这两个数字中间的格子数。

2. 解题方法介绍

根据答案盘面理解规则，如图 1-23 所示，A1 格上方提示数中，标记灰色的 4、6，表示盘面中的数字 4 和 6 的顺序，即表示此列中数字 4 在数字 6 的上方；同理，F 行提示数为 5、1，即数字 5 在数字 1 的左边。提示数中间的“一字线”，线下（左）边的数字表示这两个数字之间的格子数，如第一列上方提示数 4、6 的“一字线”下方是数字 2，表示此列中数字 4 和 6 中间有两个格子，即 A1 格和 D1 格中间有 B1 格、C1 格。同理，F 行右侧提示数字 5、1 的“一字线”左侧是数字 5，表示此行中数字 5 和 1 中间有五个格子，即 F2 格和 F8 格中间有五个格子。

根据规则可知，盘面中两数中间格子最多为 7，最少为 0，如 A1 格和 I1 格之间有七个格子，A1 格和 A2 格中间有零个格子。

做题时，先观察盘面的已知数有没有出现在提示线索中，如图 1-24 中，C3 格已知数 6，而 C9 格外侧提示数包含有 6，表示

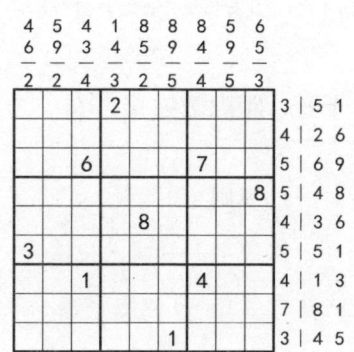

4	5	4	1	8	8	8	5	6	
6	9	3	4	5	9	4	9	5	
—	—	—	—	—	—	—	—	—	
2	2	4	3	2	5	4	5	3	
4	7	5	2	9	8	1	6	3	3 | 5 1
2	3	9	1	7	6	8	5	4	4 | 2 6
1	8	6	5	3	4	7	2	9	5 | 6 9
6	2	4	9	1	5	3	7	8	5 | 4 8
9	1	7	3	8	2	5	4	6	4 | 3 6
3	5	8	4	6	7	9	1	2	5 | 5 1
5	6	1	8	2	9	4	3	7	4 | 1 3
8	4	2	7	5	3	6	9	1	7 | 8 1
7	9	3	6	4	1	2	8	5	3 | 4 5

图 1-23　距离数独图示答案

4	5	4	1	8	8	8	5	6	
6	9	3	4	5	9	4	9	5	
—	—	—	—	—	—	—	—	—	
2	2	4	3	2	5	4	5	3	
			2						3 | 5 1
									4 | 2 6
		6				7			5 | 6 9
								8	5 | 4 8
				8					4 | 3 6
3									5 | 5 1
		1				4			4 | 1 3
									7 | 8 1
					1				3 | 4 5

图 1-24　距离数独图示

此行数字6在数字9的左侧,且中间有五个格子,得出C9=9;同理,观察5列的提示数,数字5在已知数8的下方,中间有两个格子,得出H5=5。当没有已知数的线索时,再去观察中间格子数大的提示线索,如图1-24所示,观察H9格外侧提示格子数为7,得出H1=8,H9=1。格子数越大,提示数字能出现的格子越少,如A8格上方的提示格子数为5,可以确定此列的数字5只能在A8格、B8格和C8格,此列的数字9只能在G8格、H8格和I8格,即三宫形成含数字5的区块,九宫形成含数字9的区块。

十六、连续数独

1.规则

将数字1~9填入空格内,使每行、每列和每宫的数字不重复;若相邻格数字相差为1,则在格子之间标记粗线(挡板),符合相邻数字差为1的已经全部标出。

2.解题方法介绍

根据答案盘面理解规则,如图1-25所示,标记挡板的格子相邻数字差为1,如A2格和A3格,没有标记挡板的格子相邻数字差不能为1,特别要理解"符合相邻数字差为1的已经全部标出"这句话,是指如果两格中间没有标记挡板,那么表示这两格的差不能为数字1。

做连续数独题时,要充分利用挡板的连续和非挡板的不连续特性，首先观察已知数旁边有挡板的部分，如A6格和A5格中间有挡板，且A6=1，得出A5=2；反过来利用没有挡板的地方，反向排除推理，如一宫中数字3不能出现在A3格和C3格，再结合盘面已知数，得出A1=3。

注意长连续的部分，即挡板连续出现的地方，如C6格、C7格、C8格、B8格和B9格之间都有挡板，确定这是一个连续的数列，而C8格为已知数3，可以确定它的左右数字是2和4，再左右数字是1和5，而三宫有已知数5，得出C6=5，C7=4，B8=2，B9=1。另外，通过数字的卡位，利用排除法，9列数字5出现在D9格和E9格位置，而C9格、D9格和E9格有挡板标记，为三个连续数字，且D9格处于三个连续格的中间，如果D9格是数字5，两侧连接数必定是数字4和6，再观察H9格的已知数4，排除中间位是数字5的可能，得出E9=5，顺势可以推出D9=6，C9=7（如图1-26所示）。

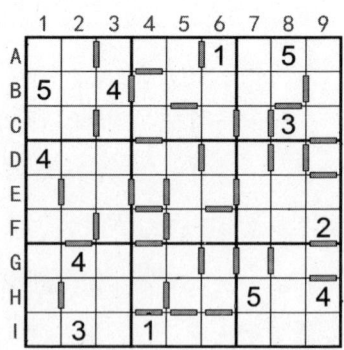

图1-25 连续数独图示答案　　　　图1-26 连续数独图示

十七、寻九数独

1. 规则

将数字 1~9 填入空格内，使每行、每列和每宫的数字不重复；格内标记箭头，表示从此格开始，往箭头方向前进 X 步，是数字 9，X 是此格的数字，符合条件的全部标出。

2. 解题方法介绍

结合答案盘面理解规则，如图 1-27 所示，A1 格的数字 5，格子中有右箭头提示，即表示从 A1 格开始，前进五步，经过 A2 格、A3 格、A4 格、A5 格和 A6，即 A6 格的数字为 9，重点理解第二句"符合条件的全部标出（以下简称全标）"，数独有很多题型带有"全标"条件，上面讲到的连续数独就是"全标"题型。如果一格没有某一方向的箭头标记，那么这个方向经过 X 步就不能是数字 9，如图 1-28 所示，C5 格数字为 1，四个方向都没有标记箭头，表示其上下左右前进一步，即相邻 B5 格、C6 格、D5 格和 C4 格都不能是数字 9。

在做寻九数独时，如果一格标记了箭头，那么这一格一定不能填数字 9；寻找盘面有没有已知数含 9 的格子，根据数字 9 所在行、列的箭头确定数字。利用"全标"条件推理，先利用排除法得到 7 列的数字 8 在 A7 格和 C7 格，因为 A7 格向下前进八步为 I7 格的数字 9，而 A7 格没有标记向下的箭头，不能为数字 8，得出 C7=8。通过观察可知，箭头格所在数字不能超过它指向的边的步数，观察 A7 格，有向左的箭头，数出A7格到最左边A1格的步数为六，即表示A7格最大数字是6，也可以直接排除数字8，得出C7=8。观察D8格有右箭头标记，指向边上只有一步，得出D8=1，指向的格子D9=9，同理，F2格不能大于3。得出D9=9后，D行剩下的两个右箭头，即D1格和D6格，数一下步数，得出D1=8，D6=3。

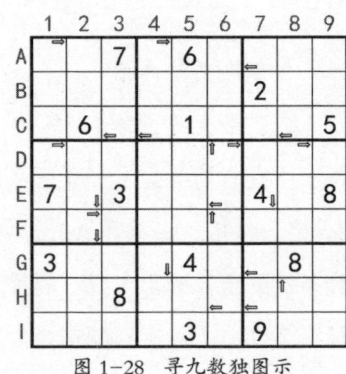

图1-27 寻九数独图示答案　　　图1-28 寻九数独图示

十八、联通数独

1. 规则

将数字1~9填入空格内，使每行、每列和每个粗线宫的数字不重复；边界没有粗线的区域上下或左右联通。

2. 解题方法介绍

结合盘面理解规则，如图1-29所示，中间标记灰色的九格为一宫，其中A4格和I4格联通，A5格和I5格联通，这就是上下联通,右边A9格和I9格也上下联通,注意边上不是粗线格的部分,一定有对应的联通部分,如A2格和I2格。再观察一个左右联通,如图1-30所示,B1格和B9格联通,灰色的九格组成一宫,左右边上不是粗线格的部分联通,如I1格和I9格。

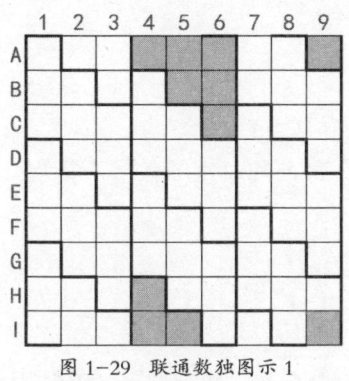
图1-29 联通数独图示1

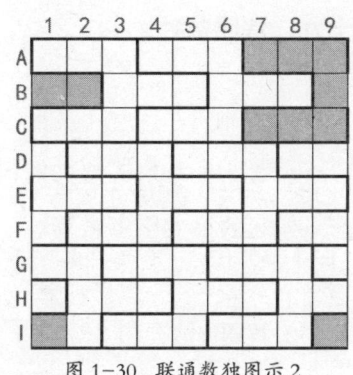
图1-30 联通数独图示2

在解联通数独时,因为每个题目的形状不相同,所以对宫的观察不易形成习惯,建议从行、列开始观察,利用排除法和唯余法入手,

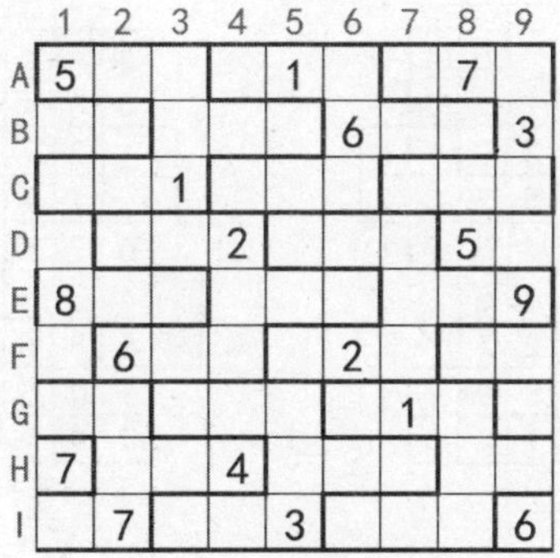

图1-31 联通数独图示3

并时刻注意联通宫的排除。如图 1-31 所示,观察 4 列,B6 格的数字 6 对 4 列 A4 格、B4 格、C4 格的排除,再观察 F2 格的数字 6 对 E4 格、F4 格的排除,配合 I9 格的数字 6 对 I4 格的排除,得出 G4=6。

十九、依偎数独

1. 规则

将数字 1~9 填入空格内,使每行、每列和每宫的数字不重复;箭头连起的格数字不重复。

2. 解题方法介绍

结合答案盘面理解规则,如图 1-32 所示,标记灰色的为其中的一行和一列,如图 1-33 所示,标记灰色的格子为箭头连起来的不重复的九格区域。

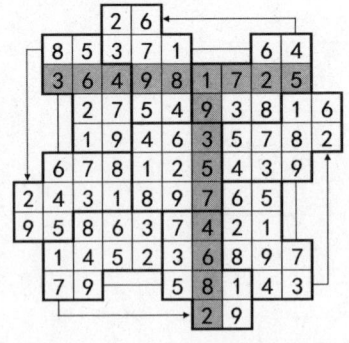

图 1-32 依偎数独图示答案 1

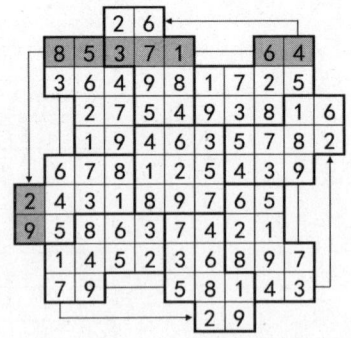

图 1-33 依偎数独图示答案 2

解依偎数独时，除了利用排除法和唯余法，还可以多观察箭头连起来的区域，如图1-34所示，通过盘面已知数对箭头连起来的灰格排除，可以得到排除解。

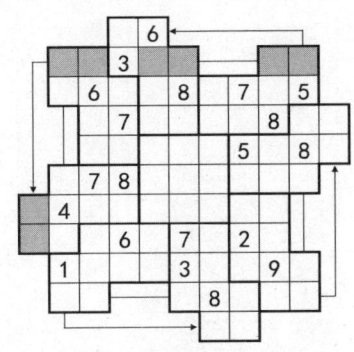

图1-34 依偎数独图示

二十、经纬数独

1. 规则

将数字1~9填入空格内，使每行、每列和每宫的数字不重复；大格属于多行或多列。

2. 解题方法介绍

结合答案盘面理解规则，如图1-35和图1-36所示，灰格的"两列"，都有数字1~9，但是其中有六格是共享的，如图1-37所示，标示灰色的部分即为共享的六个数字，这六个数字既是1列，又是2列，对于列来说，横着的格子为大格，属于多列，同理，对于行来说，竖着的格子为大格，属于多行，即规则中，大格属于多行或多列。

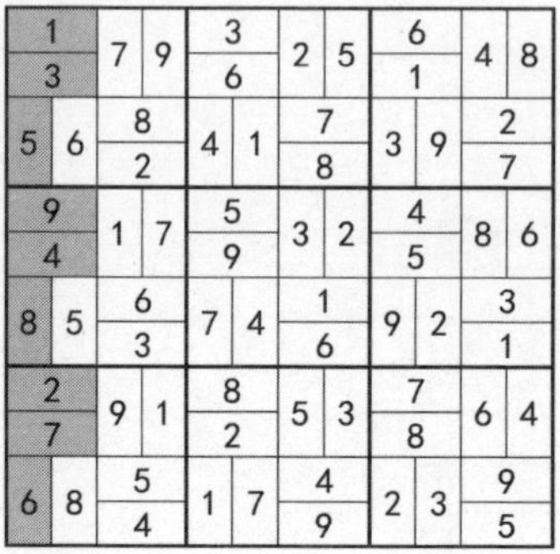

图 1-35　经纬数独图示答案 1

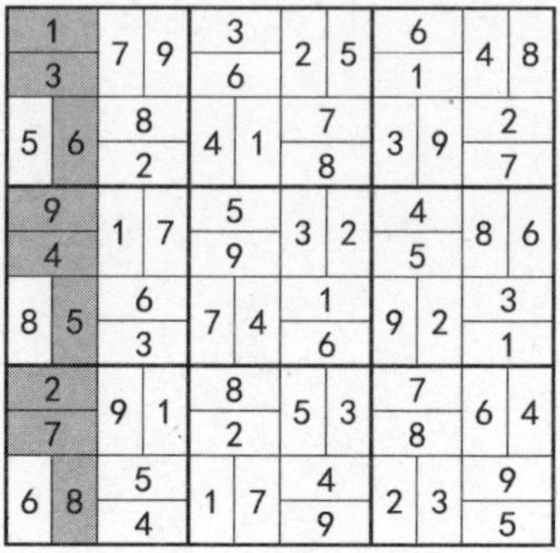

图 1-36　经纬数独图示答案 2

在做经纬数独时，要注意行和列都有数字 1~9，但是每宫内只有八个数字，所以对于宫不能轻易使用排除法，除非确定了宫内必定缺少的数字。

除了利用排除法和唯余法，经纬数独还有特殊的解题技巧，如图 1-37 和图 1-38 所示，标记灰格的这两列中，非共用的六格是三个重复的数字 5、6、8，而且表现为 5 和 6、8 和 5、6 和 8 这样一种交叉互补的状态，再观察其他行列，也存在同样状态，利用这个规律来解题，如图 1-38 所示，灰色的六格，已经给出了已知数 2、4、6，另外的三格数字必定是 2、4、6，即数字 6 在两个标记"？"的格内，上面的"？"右侧有已知数 6，可以确定数字 6 在下面的"？"格。

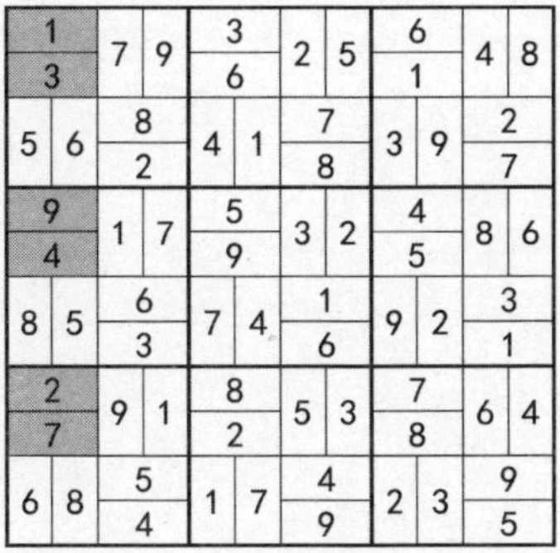

图 1-37 经纬数独图示答案 3

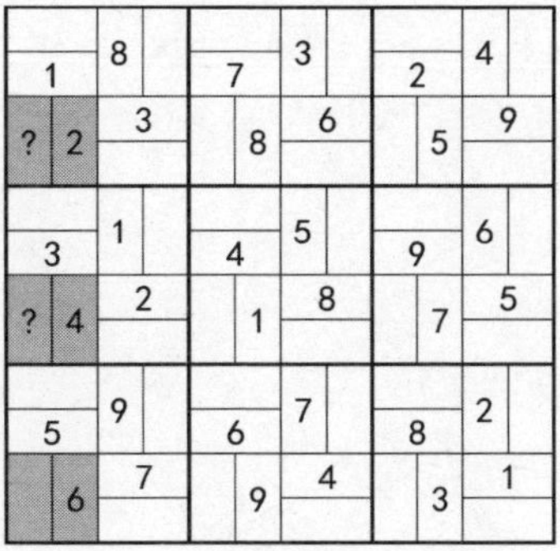

图 1-38 经纬数独图示

第二章

变型数独练习题

	9	4				3	8	
3			9		6			7
2			3		4			6
	3	2				5	7	
	6	1				4	2	
9			2		3			1
1			6		7			4
	4	3				6	9	

001

Time

目标时间	实测时间
5分**00**秒	分 秒

9	8	5	1	7	2	6	3	4
4	1	3	9	6	8	5	7	2
7	2	6	5	3	4	1	8	9
2	7	8	6	4	5	9	1	3
6	3	1	7	2	9	8	4	5
5	9	4	3	8	1	2	6	7
3	4	9	8	5	6	7	2	1
8	5	7	2	1	3	4	9	6
1	6	2	4	9	7	3	5	8

009 答案

	5		3		7			
		6				8		3
	3				9		5	
8		7		5				2
			2		3			
2				4		9		5
	8		6				2	
3		2				4		
			4		2		8	

002

3	1	8	6	4	7	9	2	5
5	7	9	1	2	8	4	3	6
2	4	6	5	9	3	8	7	1
9	8	7	2	3	5	6	1	4
4	3	1	9	8	6	2	5	7
6	5	2	4	7	1	3	8	9
8	6	3	7	5	4	1	9	2
1	9	5	8	6	2	7	4	3
7	2	4	3	1	9	5	6	8

010 答案

Time

目标时间 5分00秒

实测时间 分 秒

		4			5	2		
			6	1	3			
3		1						7
	4						8	5
	3						4	
8	7						1	
7						5		3
			7	5	9			
		2	8			1		

003

Time

目标时间　　实测时间
5分00秒　　分　秒

6	9	4	7	2	1	3	8	5
3	1	8	9	5	6	2	4	7
2	5	7	3	8	4	9	1	6
4	3	2	1	6	8	5	7	9
5	7	9	4	3	2	1	6	8
8	6	1	5	7	9	4	2	3
9	8	6	2	4	3	7	5	1
1	2	5	6	9	7	8	3	4
7	4	3	8	1	5	6	9	2

001 答案

第二章 变型数独练习题

	5						2	
1		2		9		5		7
	7			1			9	
			6		3			
	3	7				9	6	
			7		9			
	8			6			3	
2		5		3		8		1
	1						5	

004

002 答案

9	5	8	3	6	7	2	1	4
7	2	6	5	1	4	8	9	3
4	3	1	8	2	9	7	5	6
8	4	7	9	5	6	1	3	2
1	9	5	2	7	3	6	4	8
2	6	3	1	4	8	9	7	5
5	8	4	6	9	1	3	2	7
3	1	2	7	8	5	4	6	9
6	7	9	4	3	2	5	8	1

Time
目标时间　　实测时间
8分00秒　　分　秒

	4	8						
3	1	2	6			4	9	
5	7	9	1			8	6	
	3	1	7					
					2	7	3	
	8	3			1	9	5	6
	6	5			7	2	4	8
						3	7	

005

Time

目标时间 8分00秒

实测时间 分 秒

6	8	4	9	7	5	2	3	1
9	2	7	6	1	3	4	5	8
3	5	1	4	2	8	9	6	7
1	4	6	3	9	2	7	8	5
2	3	5	1	8	7	6	4	9
8	7	9	5	6	4	3	1	2
7	6	8	2	4	1	5	9	3
4	1	3	7	5	9	8	2	6
5	9	2	8	3	6	1	7	4

003 答案

						6		8
			8	1	9			
				6				2
	8				6		2	
	5	6				9	4	
	4		7				8	
3				7				
			2	9	5			
9		4						

006

3	5	9	4	7	8	1	2	6
1	4	2	3	9	6	5	8	7
8	7	6	5	1	2	4	9	3
5	9	1	6	8	3	7	4	2
4	3	7	2	5	1	9	6	8
6	2	8	7	4	9	3	1	5
7	8	4	1	6	5	2	3	9
2	6	5	9	3	4	8	7	1
9	1	3	8	2	7	6	5	4

004 答案

Time
目标时间　　实测时间
8分00秒　　分　秒

			4		1			
		8	2		6	7		
	4	5				1	8	
9	3						7	8
				3				
7	1						9	4
	6	9				8	2	
		1	6		5	4		
			8		3			

007

Time

目标时间 8分00秒

实测时间 分 秒

6	4	8	9	7	3	1	2	5
3	1	2	6	8	5	4	9	7
5	7	9	1	2	4	8	6	3
4	3	1	7	5	9	6	8	2
8	2	7	4	3	6	5	1	9
9	5	6	8	1	2	7	3	4
7	8	3	2	4	1	9	5	6
1	6	5	3	9	7	2	4	8
2	9	4	5	6	8	3	7	1

005 答案

	6							8
8	7	4						
	3				6			
				3		9		
			5		7			
		7		9				
			6				1	
						8	3	7
2							6	

008

4	9	1	5	2	7	6	3	8
6	3	2	8	1	9	7	5	4
5	7	8	3	6	4	1	9	2
7	8	3	9	4	6	5	2	1
2	5	6	1	8	3	9	4	7
1	4	9	7	5	2	3	8	6
3	1	5	4	7	8	2	6	9
8	6	7	2	9	5	4	1	3
9	2	4	6	3	1	8	7	5

006 答案

Time

目标时间 10分00秒

实测时间 分 秒

		3	9			5	7	
		6	5			1	8	
	7				5			
	3				9			
	9	4	3		1	2	6	
			8				2	
			2				9	
			4				5	

009

Time

目标时间 **10**分**00**秒

实测时间 分 秒

6	7	3	4	8	1	2	5	9
1	9	8	2	5	6	7	4	3
2	4	5	3	7	9	1	8	6
9	3	6	1	4	2	5	7	8
5	8	4	9	3	7	6	1	2
7	1	2	5	6	8	3	9	4
3	6	9	7	1	4	8	2	5
8	2	1	6	9	5	4	3	7
4	5	7	8	2	3	9	6	1

007 答案

第二章 变型数独练习题

					8	4	3	
				9	3	8	7	
				3	5	6	1	
		1	9		6	2		
	5	2	4	7				
	6	3	7	5				
	9	5	8					

010

9	6	1	7	5	2	3	4	8
8	7	4	9	1	3	6	2	5
5	3	2	8	4	6	7	9	1
6	8	5	4	3	1	9	7	2
1	2	9	5	6	7	4	8	3
3	4	7	2	9	8	1	5	6
7	9	3	6	8	5	2	1	4
4	5	6	1	2	9	8	3	7
2	1	8	3	7	4	5	6	9

008 答案

Time

目标时间 **10分00秒**

实测时间 分 秒

	5		1					
	4	7	2		6	9	1	3
	3				7		5	
	7	2					6	5
				7				
6	1					7	9	
	8		5				4	
9	2	4	7		1	5	3	
					2		7	

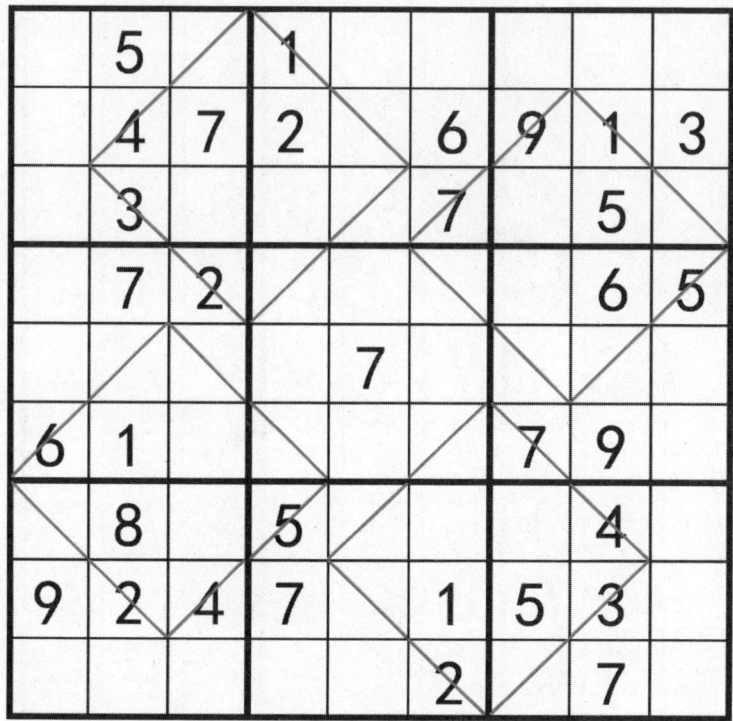

011

Time

目标时间 **5**分**00**秒

实测时间 分 秒

9	6	1	5	2	3	4	8	7
5	2	4	1	7	8	9	6	3
8	3	7	9	6	4	1	2	5
3	7	8	4	9	1	6	5	2
2	4	9	8	5	6	3	7	1
6	1	5	7	3	2	8	4	9
1	5	6	3	4	7	2	9	8
7	8	2	6	1	9	5	3	4
4	9	3	2	8	5	7	1	6

019 答案

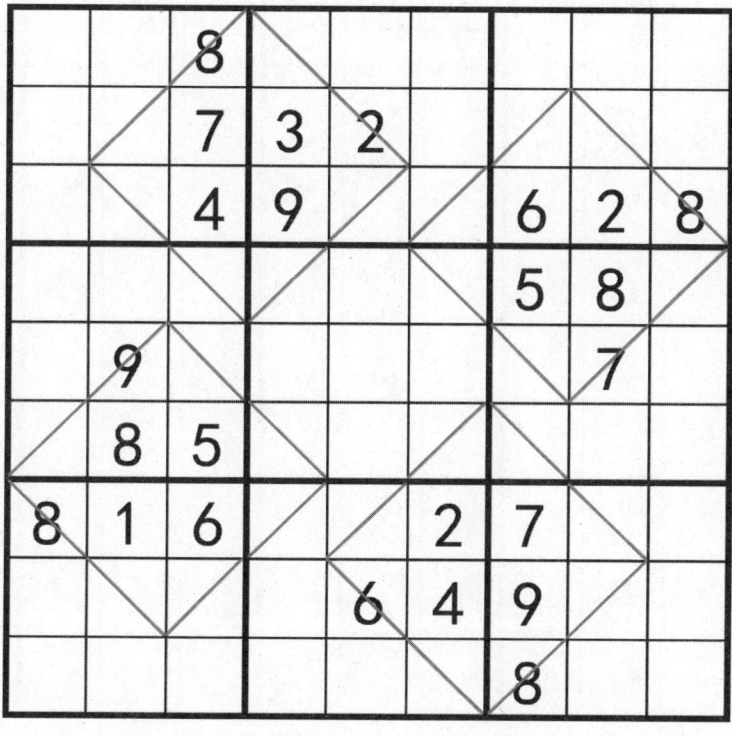

		8						
		7	3	2				
		4	9			6	2	8
						5	8	
	9						7	
	8	5						
8	1	6			2	7		
				6	4	9		
						8		

012

3	8	2	6	5	7	4	9	1
9	7	1	4	8	3	6	5	2
5	4	6	1	9	2	8	3	7
8	1	5	3	6	9	7	2	4
7	6	9	8	2	4	3	1	5
4	2	3	5	7	1	9	8	6
2	9	4	7	3	5	1	6	8
1	3	8	2	4	6	5	7	9
6	5	7	9	1	8	2	4	3

020 答案

Time

目标时间 5分00秒

实测时间 分 秒

			7				3	
8	2	5			6		4	
					2		1	
	6	9						1
				6				
5						6	7	
	5		6					
	8		1			3	5	7
	9				7			

013

Time

目标时间 5分00秒

实测时间 分 秒

2	5	6	1	3	9	4	8	7
8	4	7	2	5	6	9	1	3
1	3	9	4	8	7	2	5	6
3	7	2	9	1	4	8	6	5
4	9	8	6	7	5	3	2	1
6	1	5	3	2	8	7	9	4
7	8	1	5	9	3	6	4	2
9	2	4	7	6	1	5	3	8
5	6	3	8	4	2	1	7	9

011 答案

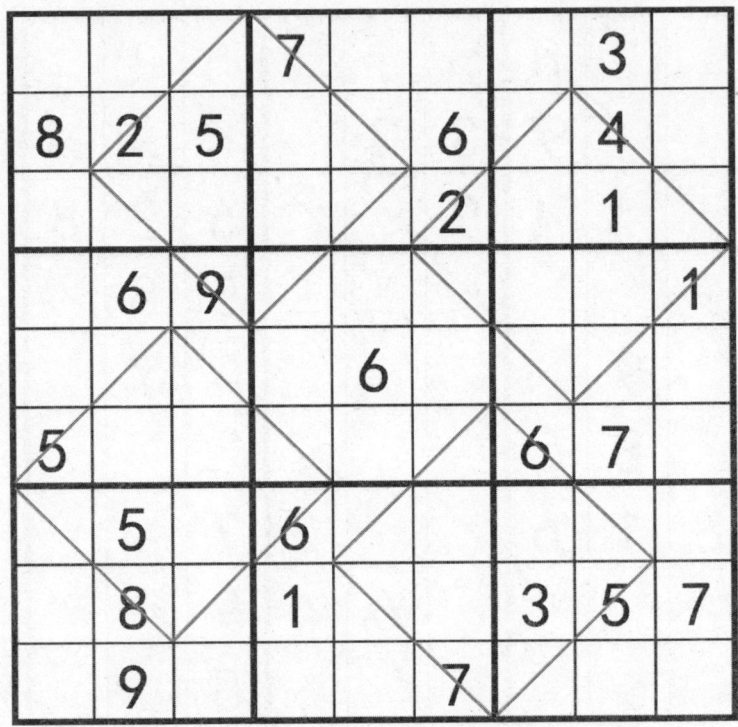

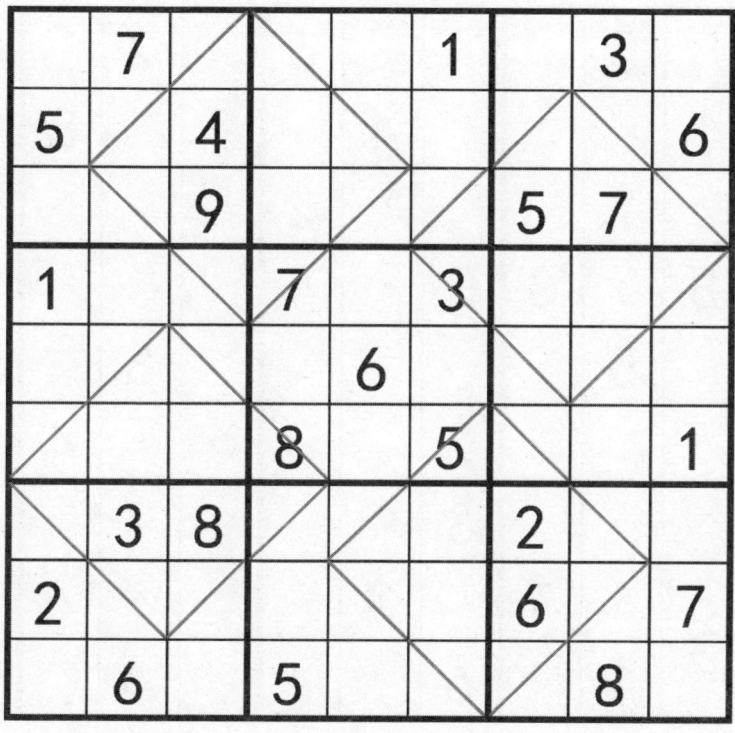

第二章 ▌变型数独练习题

045

	7				1		3	
5		4						6
		9				5	7	
1			7		3			
				6				
			8		5			1
	3	8				2		
2						6		7
	6		5				8	

014

9	2	8	4	5	6	1	3	7
1	6	7	3	2	8	4	5	9
3	5	4	9	7	1	6	2	8
2	7	3	1	4	9	5	8	6
6	9	1	2	8	5	3	7	4
4	8	5	6	3	7	2	9	1
8	1	6	5	9	2	7	4	3
7	3	2	8	6	4	9	1	5
5	4	9	7	1	3	8	6	2

012 答案

Time

目标时间 **8**分**00**秒

实测时间 分 秒

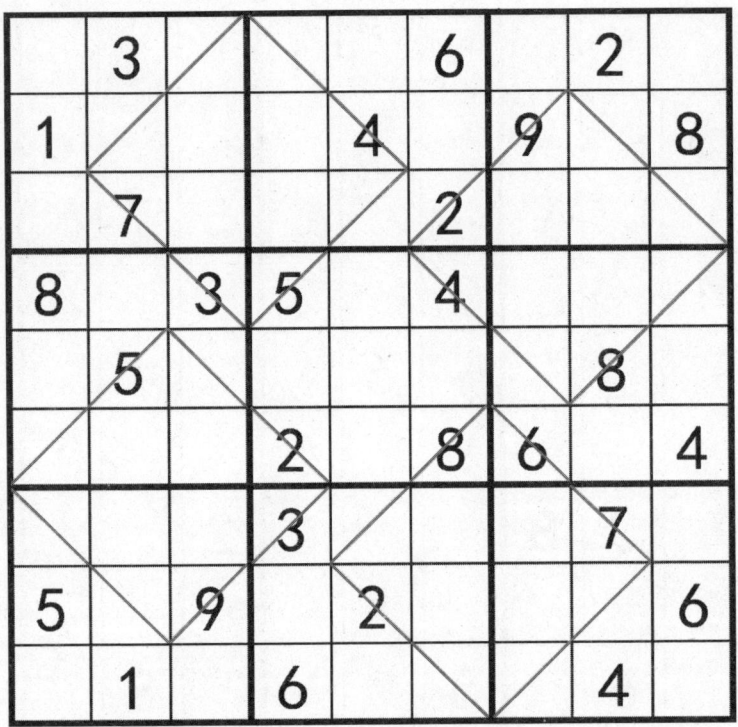

	3				6		2	
1				4		9		8
	7				2			
8		3	5		4			
	5						8	
			2		8	6		4
			3				7	
5		9		2				6
	1		6				4	

015

Time

目标时间 8分00秒

实测时间 分 秒

9	1	6	7	4	8	2	3	5
8	2	5	3	1	6	7	4	9
7	4	3	9	5	2	8	1	6
4	6	9	8	7	3	5	2	1
2	7	1	4	6	5	9	8	3
5	3	8	2	9	1	6	7	4
3	5	7	6	8	4	1	9	2
6	8	4	1	2	9	3	5	7
1	9	2	5	3	7	4	6	8

013 答案

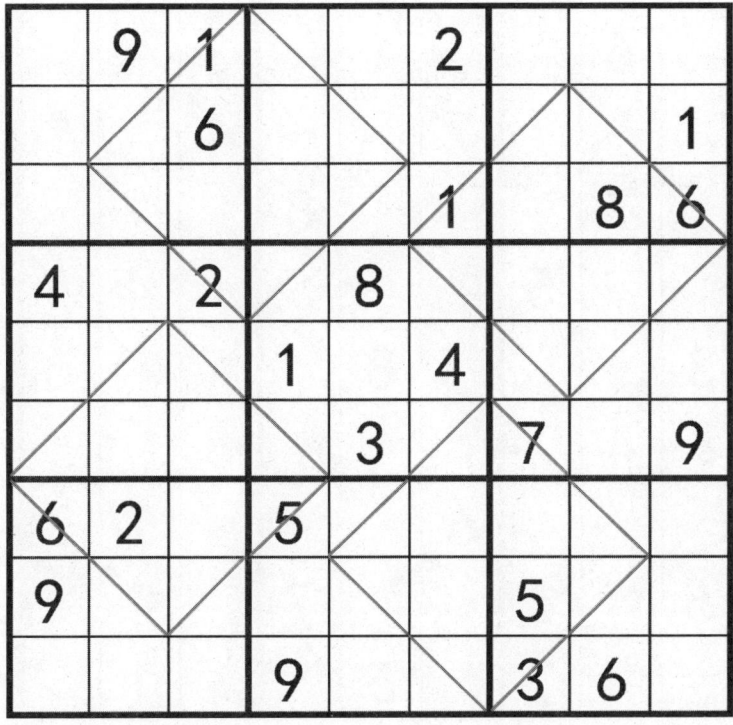

	9	1			2			
		6						1
					1		8	6
4		2		8				
			1		4			
				3		7		9
6	2		5					
9						5		
			9			3	6	

016

6	7	2	9	5	1	4	3	8
5	8	4	2	3	7	1	9	6
3	1	9	6	4	8	5	7	2
1	9	5	7	2	3	8	6	4
8	2	3	1	6	4	7	5	9
7	4	6	8	9	5	3	2	1
9	3	8	4	7	6	2	1	5
2	5	1	3	8	9	6	4	7
4	6	7	5	1	2	9	8	3

014 答案

Time

目标时间 8分00秒

实测时间 分 秒

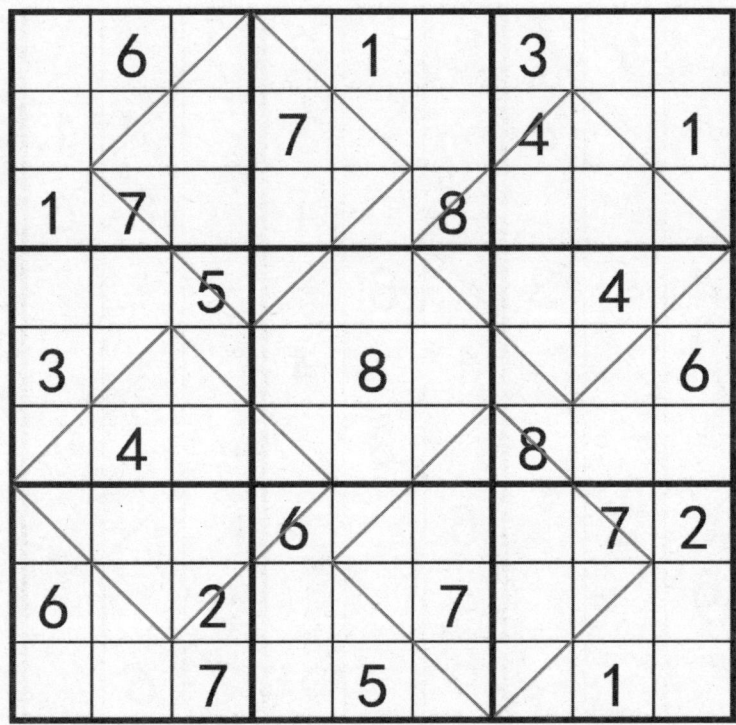

	6			1		3		
			7			4		1
1	7				8			
		5					4	
3				8				6
	4					8		
			6				7	2
6		2			7			
		7		5			1	

017

Time

目标时间 8分00秒

实测时间 分 秒

9	3	8	1	5	6	4	2	7
1	2	5	7	4	3	9	6	8
4	7	6	8	9	2	3	1	5
8	6	3	5	7	4	2	9	1
2	5	4	9	6	1	7	8	3
7	9	1	2	3	8	6	5	4
6	4	2	3	1	5	8	7	9
5	8	9	4	2	7	1	3	6
3	1	7	6	8	9	5	4	2

015 答案

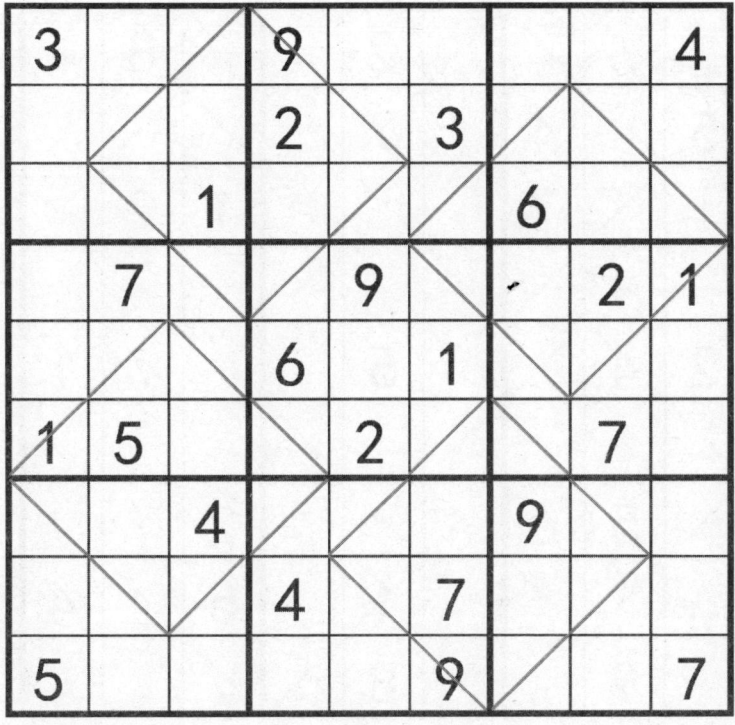

3			9					4
			2		3			
		1				6		
	7			9			2	1
			6		1			
1	5			2			7	
		4				9		
			4		7			
5					9			7

018

8	9	1	6	7	2	4	3	5
5	4	6	8	9	3	2	7	1
2	3	7	4	5	1	9	8	6
4	5	2	7	8	9	6	1	3
3	7	9	1	6	4	8	5	2
1	6	8	2	3	5	7	4	9
6	2	3	5	4	7	1	9	8
9	8	4	3	1	6	5	2	7
7	1	5	9	2	8	3	6	4

016 答案

Time

目标时间 10分00秒

实测时间 分 秒

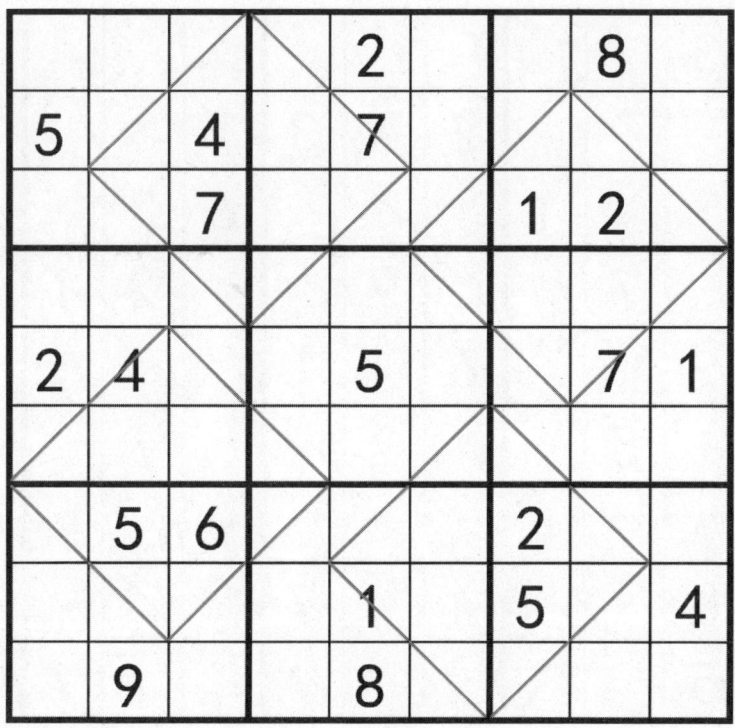

				2			8	
5		4		7				
		7				1	2	
2	4			5			7	1
	5	6				2		
				1		5		4
	9			8				

019

Time

目标时间 10分00秒

实测时间 分 秒

5	6	4	2	1	9	3	8	7
2	8	3	7	6	5	4	9	1
1	7	9	4	3	8	2	6	5
8	2	5	9	7	6	1	4	3
3	9	1	5	8	4	7	2	6
7	4	6	3	2	1	8	5	9
4	1	8	6	9	3	5	7	2
6	5	2	1	4	7	9	3	8
9	3	7	8	5	2	6	1	4

017 答案

第二章 ━ 变型数独练习题

3				5		4		1
		1	4		3			
5							3	
	1						2	
7				2				5
	2						8	
	9							8
			2		6	5		
6		7		1				3

020

3	2	7	9	8	6	1	5	4
4	6	5	2	1	3	7	8	9
9	8	1	7	4	5	6	3	2
6	7	3	5	9	4	8	2	1
8	4	2	6	7	1	3	9	5
1	5	9	3	2	8	4	7	6
7	1	4	8	5	2	9	6	3
2	9	6	4	3	7	5	1	8
5	3	8	1	6	9	2	4	7

018 答案

Time

目标时间 10分00秒

实测时间 分 秒

重影数独

	7			8			6	
3		5				9		2
	8		9		6		4	
		7				8		
2								6
		3				2		
	5		2		4		9	
8		9				4		1
	2			9			7	

021

Time
目标时间 5分00秒　实测时间　分　秒

5	9	3	4	6	8	7	1	2
7	1	6	2	3	9	8	5	4	7
2	4	8	5	7	1	6	9	3	2
1	7	9	3	5	2	4	8	6	1
3	5	4	6	8	7	9	2	1	3
6	8	2	9	1	4	3	7	5	6
9	3	7	1	2	6	5	4	8	9
4	6	1	8	9	5	2	3	7	4
8	2	5	7	4	3	1	6	9	8
	9	3	4	6	8	7	1	2	5

029 答案

	7			3			8		
2			1		8			7	
		5		6		4			
	8		9		7		6		
3		7				8		1	
	1		8		3		9		
		3		2		9			
7			3		9			5	
	4			7			2		

022

3	5	9	6	2	7	1	4	8	
2	4	6	5	1	8	7	9	3	2
7	8	1	3	9	4	2	6	5	7
4	7	2	9	6	3	5	8	1	4
9	6	3	8	5	1	4	2	7	9
8	1	5	4	7	2	9	3	6	8
1	9	7	2	8	6	3	5	4	1
5	3	8	1	4	9	6	7	2	5
6	2	4	7	3	5	8	1	9	6
	5	9	6	2	7	1	4	8	3

030 答案

Time

目标时间 **5**分**00**秒

实测时间 分 秒

	7		6			5	2		
2						4		9	
4	5			3					
			4		2			5	
		4				6			
6			3		9				
				4			9	1	
9		3						4	
	4	8			7		5		

023

Time

目标时间 **5分00秒**

实测时间 分 秒

9	7	4	5	8	2	1	6	3	
3	6	5	1	4	7	9	8	2	3
1	8	2	9	3	6	5	4	7	1
6	4	7	3	2	1	8	5	9	6
2	1	8	4	5	9	7	3	6	2
5	9	3	7	6	8	2	1	4	5
7	5	6	2	1	4	3	9	8	7
8	3	9	6	7	5	4	2	1	8
4	2	1	8	9	3	6	7	5	4
	7	4	5	8	2	1	6	3	9

021 答案

	1	2		4			7		
3		9			5			2	
							4	1	
	3		8		4				
4								3	
			6		3		8		
9	5								
2			5			7		8	
	8			6		5	3		

024

1	7	9	5	3	4	2	8	6	
2	6	4	1	9	8	5	3	7	2
8	3	5	7	6	2	4	1	9	8
5	8	2	9	1	7	3	6	4	5
3	9	7	2	4	6	8	5	1	3
4	1	6	8	5	3	7	9	2	4
6	5	3	4	2	1	9	7	8	6
7	2	1	3	8	9	6	4	5	7
9	4	8	6	7	5	1	2	3	9
	7	9	5	3	4	2	8	6	1

022 答案

Time

目标时间 **8**分**00**秒

实测时间 分 秒

	8		7					3	
2		7		6			8		
	6		9						
6		5							
	3						6		
						4		5	
					2		9		
	5			9		2		8	
9					3		7		

025

Time

目标时间 **8**分**00**秒

实测时间 分 秒

8	7	1	6	9	4	5	2	3	
2	3	6	1	7	5	4	8	9	2
4	5	9	2	3	8	1	6	7	4
3	8	7	4	6	2	9	1	5	3
5	9	4	7	8	1	6	3	2	5
6	1	2	3	5	9	7	4	8	6
7	6	5	8	4	3	2	9	1	7
9	2	3	5	1	6	8	7	4	9
1	4	8	9	2	7	3	5	6	1
	7	1	6	9	4	5	2	3	8

023 答案

		4		1		2		
					4		1	
5		6		7				9
					9		6	
8		9				4		5
	4		3					
6				3		5		4
	5		7					
		3		9		7		

026

6	1	2	3	4	8	9	7	5
3	4	9	1	7	5	8	6	2	3
8	7	5	2	9	6	3	4	1	8
7	3	6	8	1	4	2	5	9	7
4	2	8	7	5	9	6	1	3	4
5	9	1	6	2	3	4	8	7	5
9	5	3	4	8	7	1	2	6	9
2	6	4	5	3	1	7	9	8	2
1	8	7	9	6	2	5	3	4	1
	1	2	3	4	8	9	7	5	6

024 答案

			9		7	4			
		4			2		9		
	9							3	
8				9			6	4	
			8		6				
1	5			4				2	
6							3		
	8		4			6			
		3	6		1				

027

Time

目标时间 8分00秒

实测时间 分 秒

5	8	9	7	4	1	6	2	3	
2	1	7	3	6	5	9	8	4	2
3	6	4	9	2	8	1	5	7	3
6	2	5	8	3	4	7	1	9	6
4	3	1	5	7	9	8	6	2	4
7	9	8	2	1	6	4	3	5	7
8	7	6	4	5	2	3	9	1	8
1	5	3	6	9	7	2	4	8	1
9	4	2	1	8	3	5	7	6	9
	8	9	7	4	1	6	2	3	5

025 答案

	8	9			5				
				3	7	9		6	
	7							2	
5	1								
	2						1		
							5	3	
2							6		
7		6	1	9					
			7			1	9		

028

7	8	4	9	1	3	2	5	6	
3	9	2	5	6	4	8	1	7	3
5	1	6	8	7	2	3	4	9	5
2	3	7	4	5	9	1	6	8	2
8	6	9	1	2	7	4	3	5	8
1	4	5	3	8	6	9	7	2	1
6	7	8	2	3	1	5	9	4	6
9	5	1	7	4	8	6	2	3	9
4	2	3	6	9	5	7	8	1	4
	8	4	9	1	3	2	5	6	7

026 答案

Time

目标时间	实测时间
10分00秒	分 秒

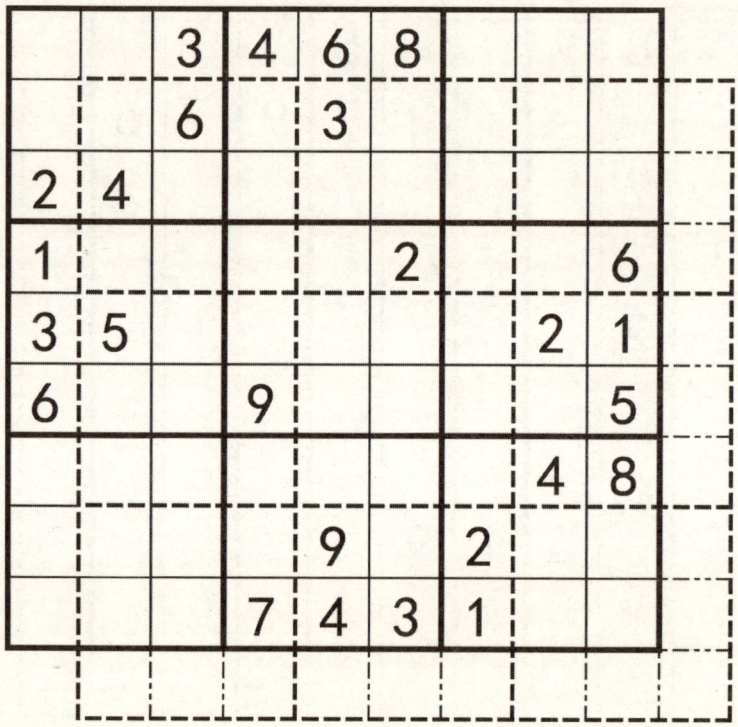

		3	4	6	8				
		6		3					
2	4								
1					2			6	
3	5						2	1	
6			9					5	
							4	8	
				9		2			
			7	4	3	1			

029

Time

目标时间	实测时间
10分00秒	分　秒

3	1	5	9	8	7	4	2	6	
7	6	4	3	1	2	8	9	5	7
2	9	8	5	6	4	7	1	3	2
8	2	7	1	9	5	3	6	4	8
4	3	9	8	2	6	1	5	7	4
1	5	6	7	4	3	9	8	2	1
6	4	1	2	7	8	5	3	9	6
5	8	2	4	3	9	6	7	1	5
9	7	3	6	5	1	2	4	8	9
	1	5	9	8	7	4	2	6	3

027 答案

		9			7		4		
		6		1				3	
7	8								
					3			1	
	6						2		
8			4						
							5	4	
5				4		6			
	2		7			8			

030

6	8	9	2	4	5	7	3	1	
1	5	2	8	3	7	9	4	6	1
3	7	4	9	1	6	5	8	2	3
5	1	3	6	2	8	4	7	9	5
4	2	7	3	5	9	6	1	8	4
9	6	8	4	7	1	2	5	3	9
2	9	1	5	8	4	3	6	7	2
7	4	6	1	9	3	8	2	5	7
8	3	5	7	6	2	1	9	4	8
	8	9	2	4	5	7	3	1	6

028 答案

Time

目标时间	实测时间
10分**00**秒	分 秒

			5	2	7			
				3				
	9			7			6	
	6	8	3		5	7	1	
	7			1			3	
				9				
			2	5	6			

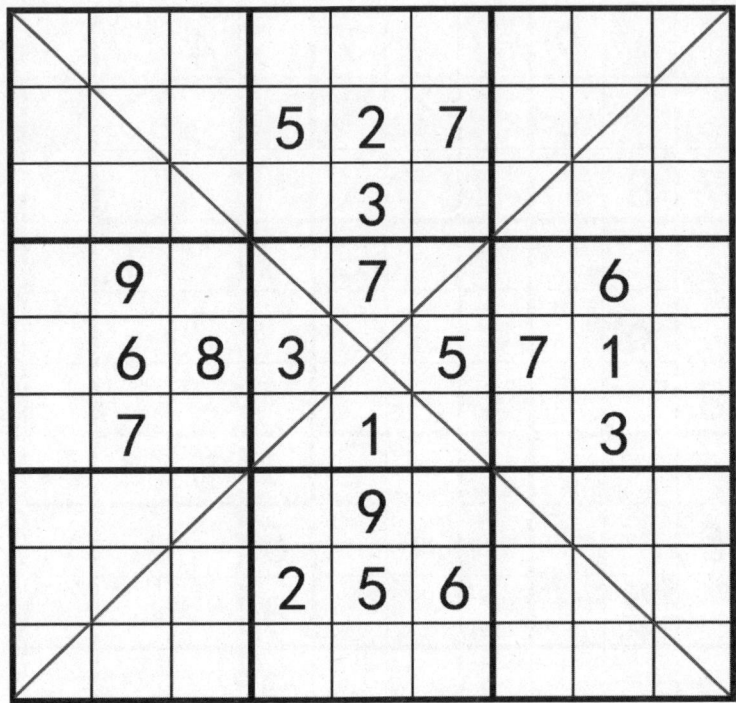

031

Time

目标时间 5分00秒

实测时间 分 秒

6	1	7	3	4	8	2	9	5
9	3	4	6	5	2	7	1	8
5	2	8	9	1	7	6	3	4
2	7	1	8	9	5	3	4	6
3	8	5	2	6	4	9	7	1
4	6	9	1	7	3	5	8	2
7	4	6	5	3	1	8	2	9
8	5	3	4	2	9	1	6	7
1	9	2	7	8	6	4	5	3

039 答案

	5			7			4	
4		2				6		3
			2	4	3			
9	4			1			6	5
			6	8	4			
8	3			9			2	1
			4	2	8			
1		3				2		4
	6			3			5	

032

7	9	2	5	8	3	1	6	4
5	1	3	4	2	6	9	7	8
6	4	8	7	9	1	2	3	5
9	5	6	1	3	4	8	2	7
8	2	1	9	7	5	6	4	3
4	3	7	2	6	8	5	1	9
3	8	4	6	1	9	7	5	2
1	7	9	3	5	2	4	8	6
2	6	5	8	4	7	3	9	1

040 答案

Time

目标时间 **5**分**00**秒

实测时间 分 秒

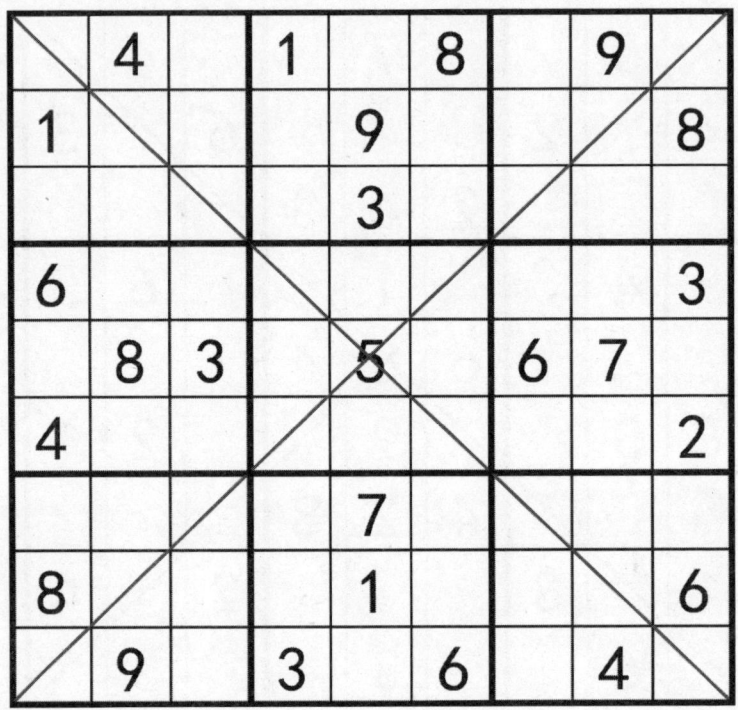

	4		1		8		9	
1				9				8
				3				
6								3
	8	3		5		6	7	
4								2
				7				
8				1				6
	9		3		6		4	

033

Time

目标时间 5分00秒

实测时间 分 秒

9	3	7	1	6	4	5	8	2
1	8	6	5	2	7	9	4	3
5	2	4	9	3	8	6	7	1
3	9	1	8	7	2	4	6	5
2	6	8	3	4	5	7	1	9
4	7	5	6	1	9	2	3	8
7	1	2	4	9	3	8	5	6
8	4	3	2	5	6	1	9	7
6	5	9	7	8	1	3	2	4

031 答案

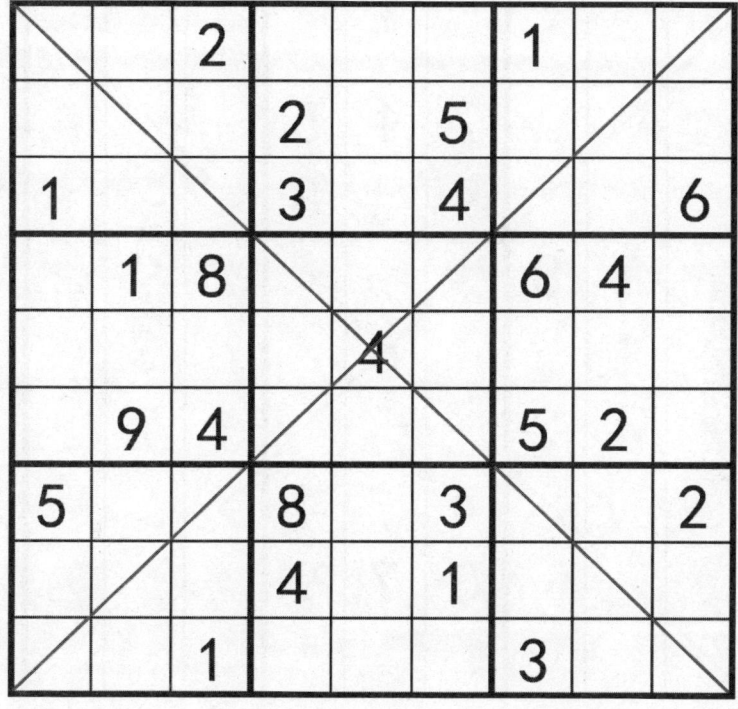

		2				1		
			2		5			
1			3		4			6
	1	8				6	4	
				4				
	9	4				5	2	
5			8		3			2
			4		1			
		1				3		

034

3	5	9	8	7	6	1	4	2
4	7	2	1	5	9	6	8	3
6	1	8	2	4	3	5	9	7
9	4	7	3	1	2	8	6	5
5	2	1	6	8	4	7	3	9
8	3	6	5	9	7	4	2	1
7	9	5	4	2	8	3	1	6
1	8	3	9	6	5	2	7	4
2	6	4	7	3	1	9	5	8

032 答案

Time

目标时间 8分00秒

实测时间 分 秒

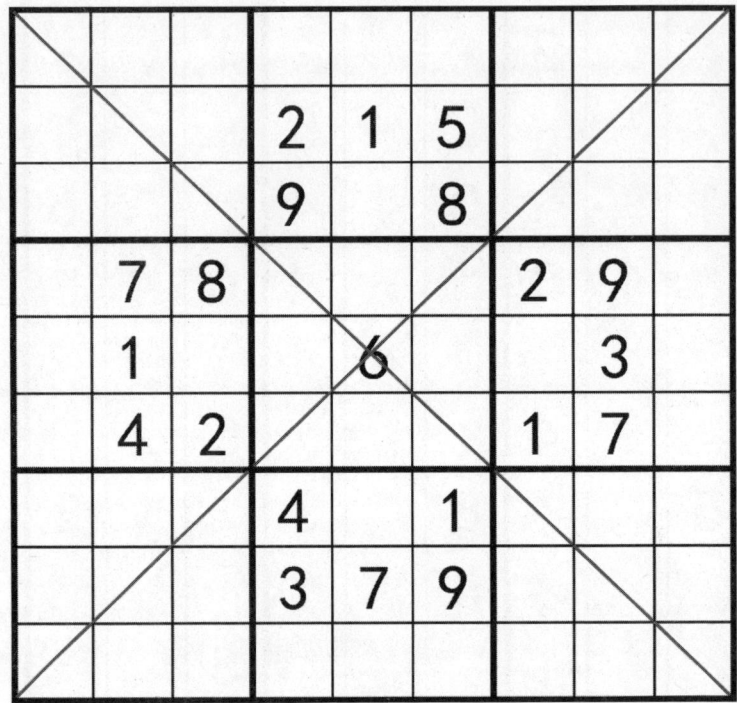

			2	1	5			
			9		8			
	7	8				2	9	
	1			6			3	
	4	2				1	7	
			4		1			
			3	7	9			

035

Time

目标时间 8分00秒

实测时间 分 秒

5	4	6	1	2	8	3	9	7
1	3	7	6	9	5	4	2	8
9	2	8	4	3	7	5	6	1
6	7	9	8	4	2	1	5	3
2	8	3	9	5	1	6	7	4
4	1	5	7	6	3	9	8	2
3	6	2	5	7	4	8	1	9
8	5	4	2	1	9	7	3	6
7	9	1	3	8	6	2	4	5

033 答案

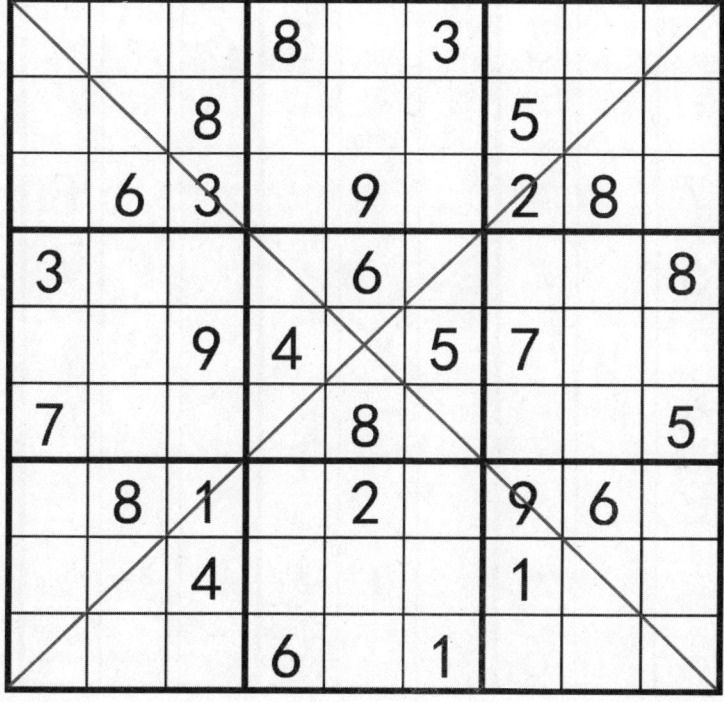

			8		3			
		8				5		
	6	3		9		2	8	
3				6				8
		9	4		5	7		
7				8				5
	8	1		2		9	6	
		4				1		
			6		1			

036

8	5	2	6	7	9	1	3	4
3	4	6	2	1	5	9	7	8
1	7	9	3	8	4	2	5	6
7	1	8	9	5	2	6	4	3
2	3	5	1	4	6	8	9	7
6	9	4	7	3	8	5	2	1
5	6	7	8	9	3	4	1	2
9	2	3	4	6	1	7	8	5
4	8	1	5	2	7	3	6	9

034 答案

Time

目标时间 **8**分**00**秒

实测时间 分 秒

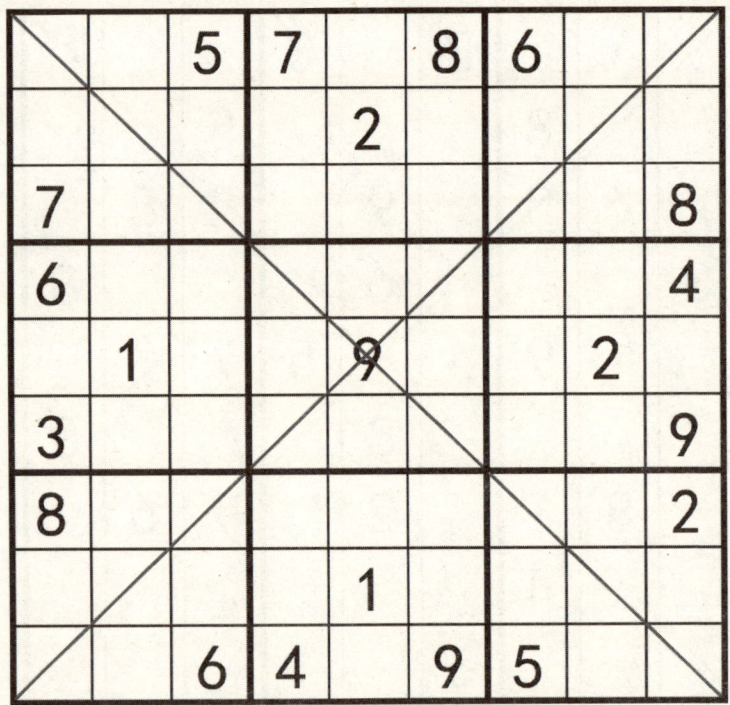

		5	7		8	6		
				2				
7								8
6								4
	1			9			2	
3								9
8								2
				1				
		6	4		9	5		

037

Time

目标时间 8分00秒

实测时间 分 秒

1	9	4	6	3	7	5	2	8
8	6	7	2	1	5	9	4	3
2	5	3	9	4	8	6	1	7
3	7	8	1	5	4	2	9	6
9	1	5	7	6	2	8	3	4
6	4	2	8	9	3	1	7	5
7	2	6	4	8	1	3	5	9
5	8	1	3	7	9	4	6	2
4	3	9	5	2	6	7	8	1

035 答案

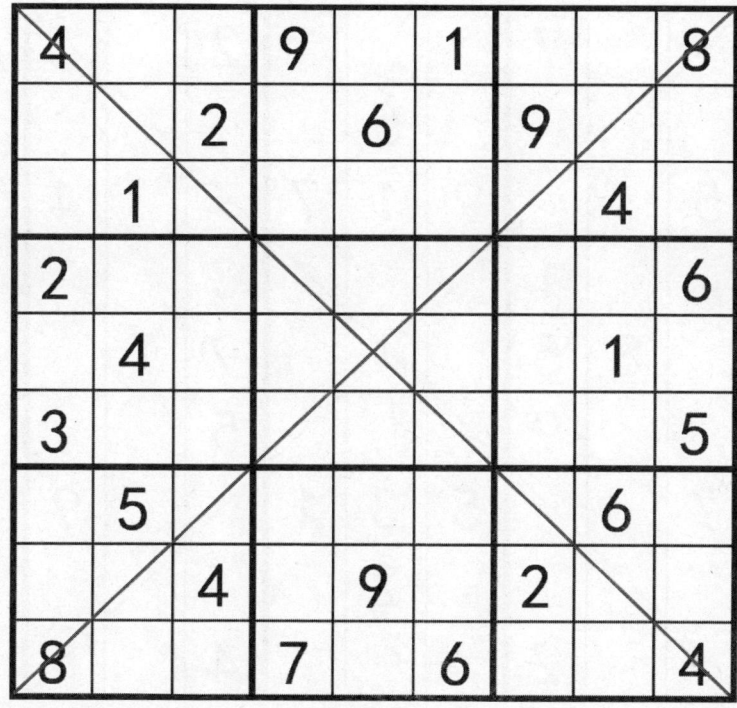

4			9		1			8
		2		6		9		
	1						4	
2								6
	4						1	
3								5
	5						6	
		4		9		2		
8			7		6			4

038

9	5	2	8	7	3	6	4	1
4	7	8	2	1	6	5	3	9
1	6	3	5	9	4	2	8	7
3	1	5	7	6	2	4	9	8
8	2	9	4	3	5	7	1	6
7	4	6	1	8	9	3	2	5
5	8	1	3	2	7	9	6	4
6	3	4	9	5	8	1	7	2
2	9	7	6	4	1	8	5	3

036 答案

Time

目标时间 **10**分**00**秒

实测时间 分 秒

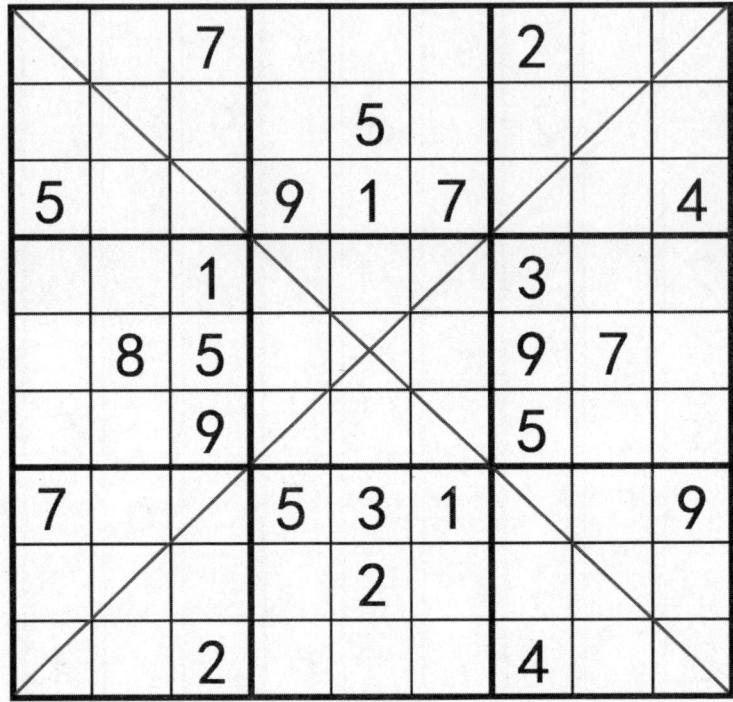

		7				2		
				5				
5			9	1	7			4
		1				3		
	8	5				9	7	
		9				5		
7			5	3	1			9
				2				
		2				4		

039

Time

目标时间 10分00秒

实测时间 分 秒

9	2	5	7	4	8	6	3	1
1	3	8	6	2	5	4	9	7
7	6	4	9	3	1	2	5	8
6	5	9	3	7	2	1	8	4
4	1	7	8	9	6	3	2	5
3	8	2	1	5	4	7	6	9
8	4	1	5	6	3	9	7	2
5	9	3	2	1	7	8	4	6
2	7	6	4	8	9	5	1	3

037 答案

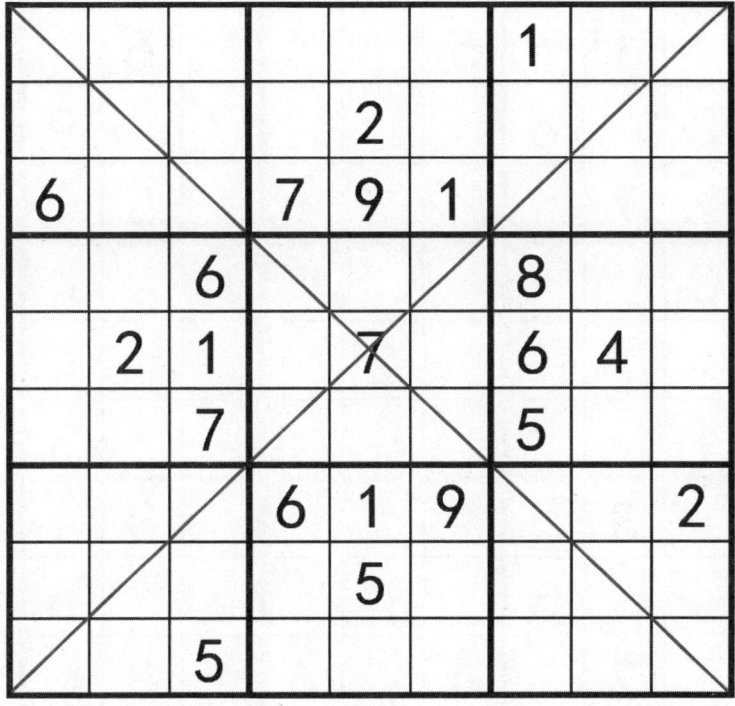

						1		
				2				
6			7	9	1			
		6				8		
	2	1		7		6	4	
		7				5		
			6	1	9			2
				5				
		5						

040

4	3	6	9	7	1	5	2	8
5	7	2	8	6	4	9	3	1
9	1	8	3	5	2	6	4	7
2	9	5	4	1	3	8	7	6
6	4	7	5	8	9	3	1	2
3	8	1	6	2	7	4	9	5
1	5	3	2	4	8	7	6	9
7	6	4	1	9	5	2	8	3
8	2	9	7	3	6	1	5	4

038 答案

Time

目标时间 **10**分**00**秒

实测时间 分 秒

	1		5		4		6	
8		6				7		9
	7						5	
3								4
				2				
1								3
	3						8	
4		5				2		6
	2		4		6		3	

041

Time

目标时间 5分00秒

实测时间 分 秒

1	3	2	5	6	8	7	4	9
4	8	5	2	9	7	3	1	6
9	7	6	4	1	3	2	5	8
2	6	1	8	7	9	5	3	4
8	5	4	3	2	1	6	9	7
7	9	3	6	4	5	1	8	2
6	1	7	9	3	4	8	2	5
3	4	8	7	5	2	9	6	1
5	2	9	1	8	6	4	7	3

049 答案

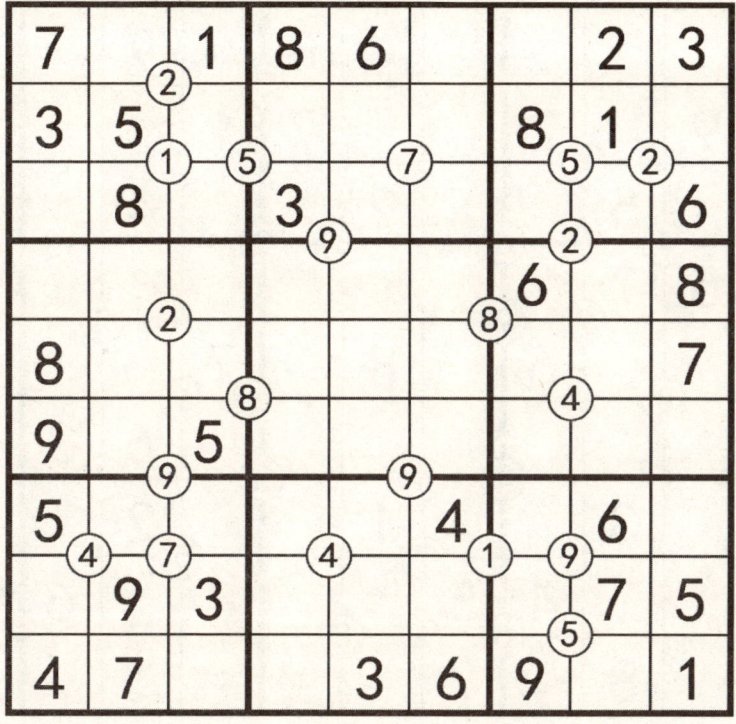

042

050 答案

Time

目标时间 5分00秒

实测时间 分 秒

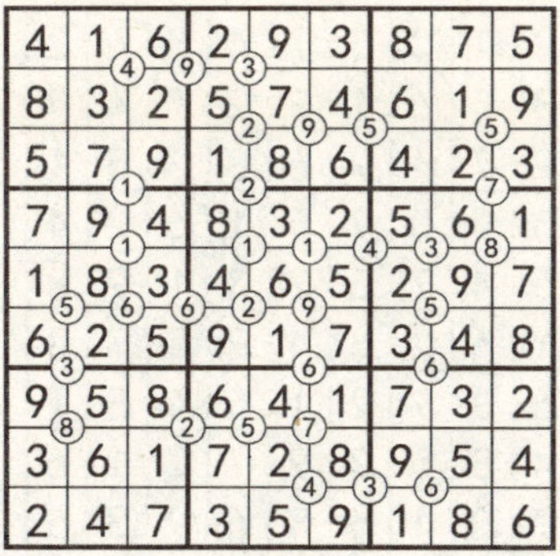

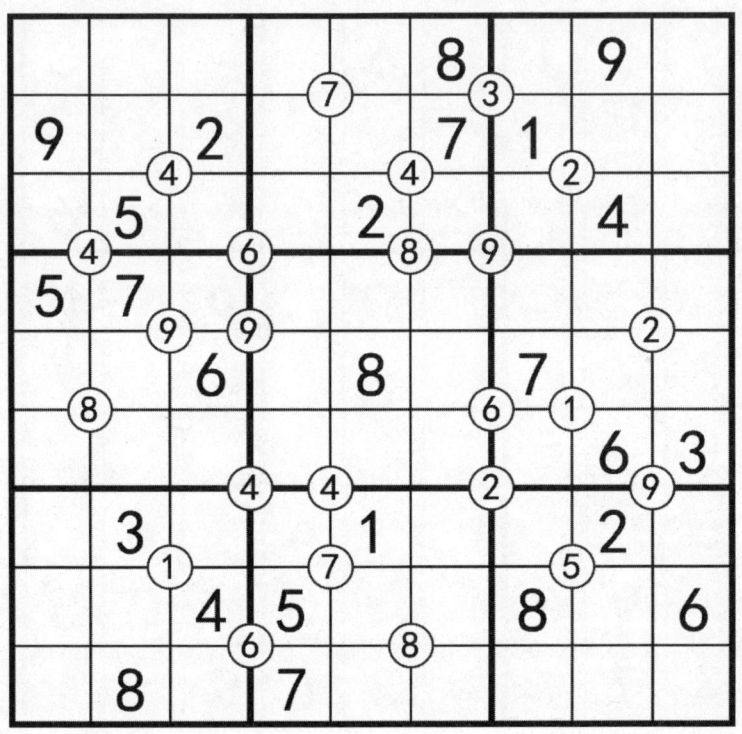

043

Time

目标时间 **5**分**00**秒

实测时间 分 秒

9	1	3	5	7	4	8	6	2
8	5	6	1	3	2	7	4	9
2	7	4	9	6	8	3	5	1
3	9	8	7	5	1	6	2	4
5	4	7	6	2	3	1	9	8
1	6	2	8	4	9	5	7	3
6	3	9	2	1	5	4	8	7
4	8	5	3	9	7	2	1	6
7	2	1	4	8	6	9	3	5

041 答案

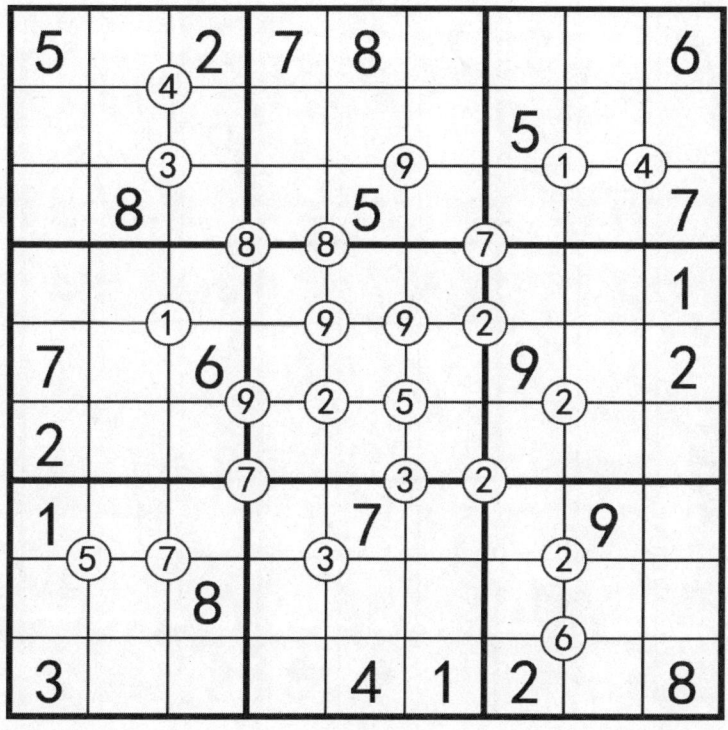

044

7	4	1	8	6	9	5	2	3
3	5	6	7	4	2	8	1	9
2	8	9	3	5	1	7	4	6
1	3	7	4	2	5	6	9	8
8	6	4	1	9	3	2	5	7
9	2	5	6	8	7	1	3	4
5	1	8	9	7	6	3	2	4
6	9	3	2	1	8	4	7	5
4	7	2	5	3	6	9	8	1

042 答案

Time
目标时间 **8分00秒**　实测时间　分　秒

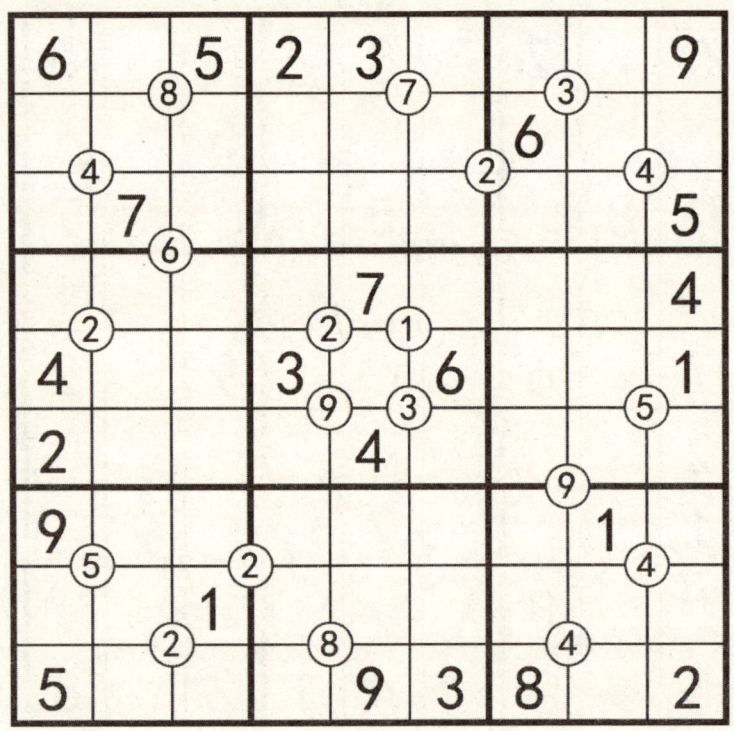

045

Time

目标时间 **8分00秒**

实测时间 分 秒

4	1	7	6	3	8	5	9	2
9	6	2	4	5	7	1	3	8
8	5	3	9	2	1	6	4	7
5	7	1	3	6	4	2	8	9
3	4	6	2	8	9	7	5	1
2	9	8	1	7	5	4	6	3
7	3	5	8	1	6	9	2	4
1	2	4	5	9	3	8	7	6
6	8	9	7	4	2	3	1	5

043 答案

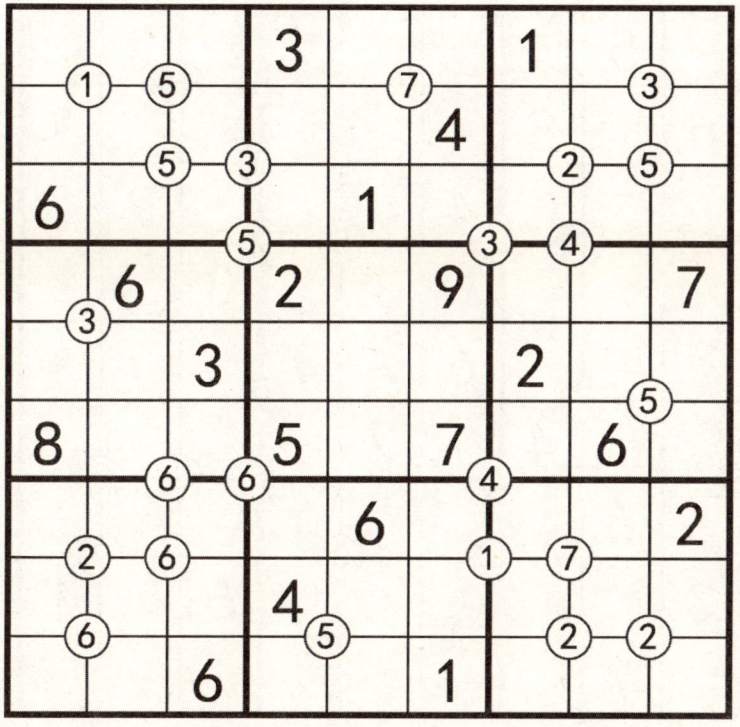

046

5	3	2	7	8	9	1	4	6
6	7	1	4	3	2	5	8	9
4	8	9	1	5	6	3	2	7
8	9	3	6	2	5	4	7	1
7	5	6	8	1	4	9	3	2
2	1	4	3	9	7	8	6	5
1	4	5	2	7	8	6	9	3
9	2	8	5	6	3	7	1	4
3	6	7	9	4	1	2	5	8

044 答案

Time

目标时间 实测时间

8分00秒 分 秒

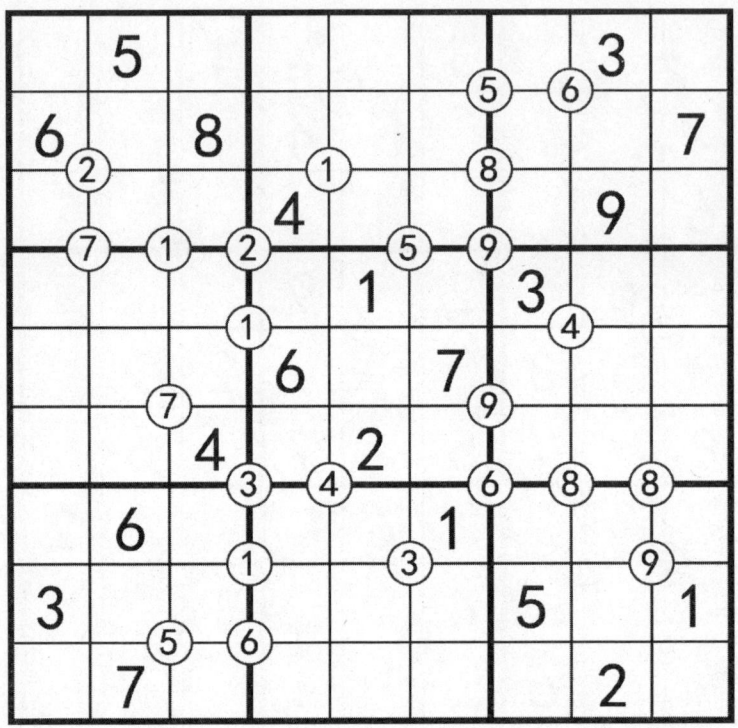

047

Time

目标时间	实测时间
8分**00**秒	分 秒

6	1	5	2	3	8	7	4	9
3	9	4	7	1	5	6	2	8
8	7	2	4	6	9	1	3	5
1	3	8	9	7	2	5	6	4
4	5	7	3	8	6	2	9	1
2	6	9	5	4	1	3	8	7
9	2	3	8	5	7	4	1	6
7	8	1	6	2	4	9	5	3
5	4	6	1	9	3	8	7	2

045 答案

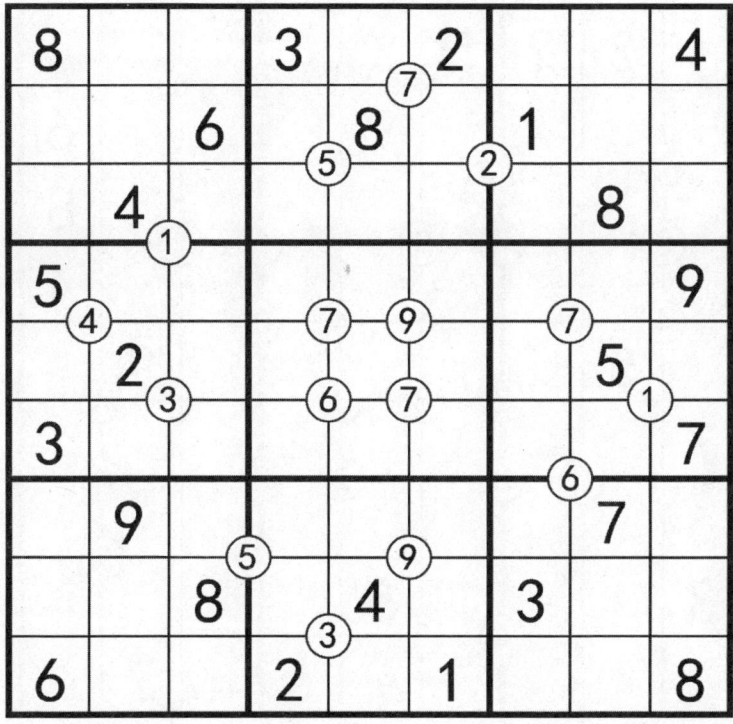

048

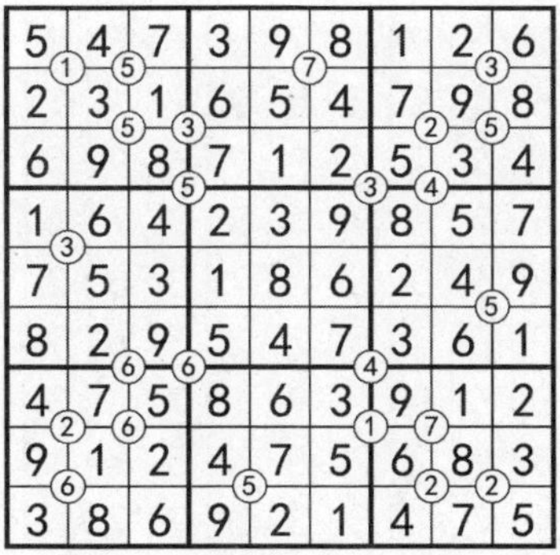

第二章 变型数独练习题

079

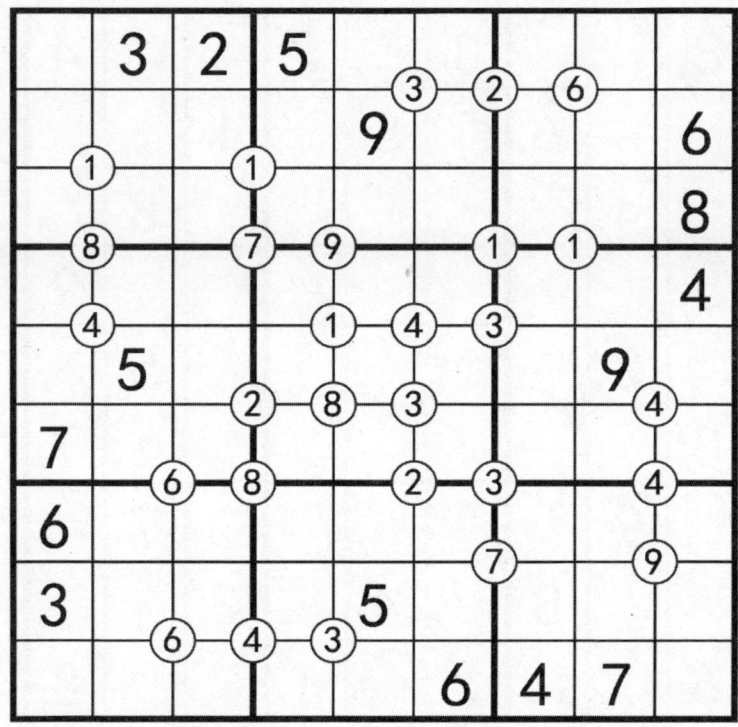

049

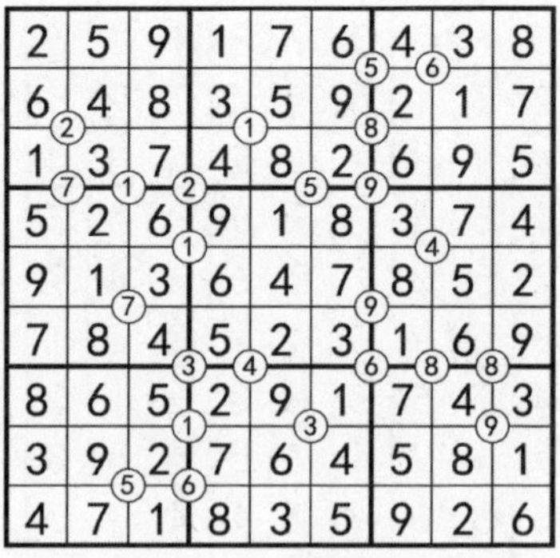

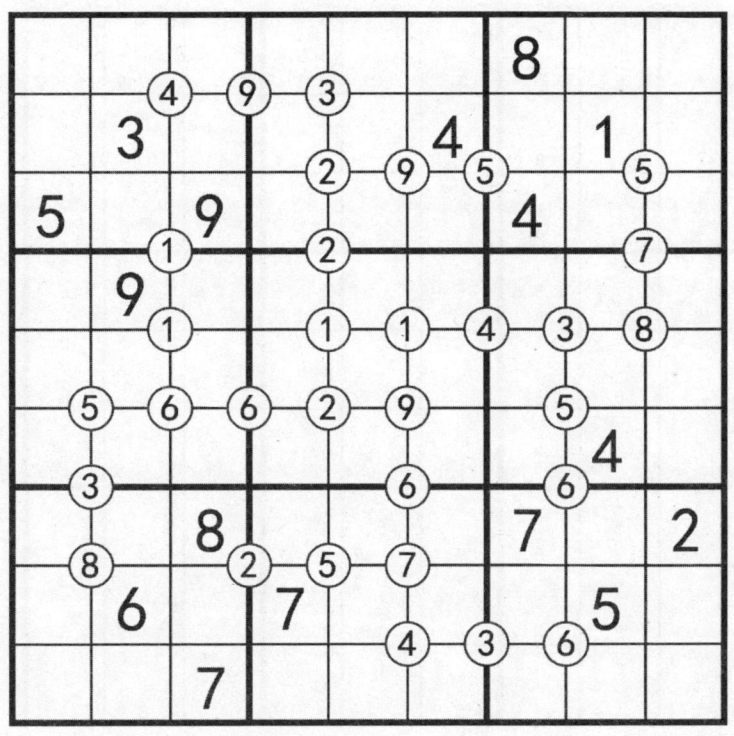

050

3 4 6	3 4 5 8	2 6 9	4 8	1 4	3 5 6 7 8	7	2 9	2 3 6 9
6 7	4 5 7	6 7 8	3	2	5 9	8	1 4 7	1
1 6	2 4 9	4 8	1 7 9	3 7 8	6	3 5 6 7	2 5 7	5
4 7 8 9	1	4 5 6 8	1 3 5	4 7	1 6 8 9	2 3 4 6	3 9	2 4 5 7
2 4 5 6	3 4 8	1 4 8	1	1 2 3 6 9	4 5 7	5	1 3 6 8	2 8 9
3 4 5 7 9	3 4 5 6	3 5	4 8 9	4 6	2	2 4	1 7 9	2 4 8 9
1 4 8	2 4 5 7	3 8 9	2	5 9	1 4 6 7	4 6	1 5 8	4
4 9	2 6 8	3 8 9	8	3 4 5 7 9	3 4 7	1 3	7 9	2 8
2 3 5	2 4 5 6	1 9	3 6 8 9	1 2 7	1 4 9	6 9	3 4 8 9	3 6 7 9

051

Time

目标时间 **5分00秒**

实测时间 分 秒

8	1	5	3	6	7	2	9	4
6	7	9	2	8	4	5	1	3
4	3	2	9	1	5	8	7	6
2	6	3	5	4	1	9	8	7
5	8	4	7	9	6	1	3	2
1	9	7	8	2	3	6	4	5
7	4	1	6	5	9	3	2	8
9	5	8	4	3	2	7	6	1
3	2	6	1	7	8	4	5	9

059 答案

3 6	4 7 9	7	2 3 5 6 7	1	3 4 5	6 7 8	2 6 7	1 3 4 6 9
1	4 5 7	6 7 8	2 5 6 8	2 4	5 9	2 3	6 7	1 3 5 6 8
4 9	2 3	2	6 8	5 6 9	7 9	2 4 5 6 9	5	1
7 8	6 7 9	1	7 8	3 9	3 5	2 5 8 9	1 4 9	3
5	2 4 5	6 9	1 3 5 6 9	2 3 5 8 9	2 5	1 6 7 8	1 3 4	1 8 9
2 4 5	4 6 7	2 3	4 6	5 8 9	1 4 7	2 6 7 8 9	3 5 6 9	4 5 8
3 9	2 8	3 5 6 8	5 9	1 2 5 7	3 4	1 4 5 8	1 6 8 9	1 2 6 7
7 9	1 7 8 9	4 7 9	3 7	1 2 5	4 6 9	5 8	2 7 8 9	9
8 9	2 3 6 9	2 6 7 9	1 4 7	5 6	7 8 9	3 4	3	2 7

052

6	9	1	7	4	5	8	3	2
4	7	3	8	2	6	9	5	1
8	5	2	9	1	3	6	4	7
9	1	6	5	8	4	2	7	3
2	3	8	1	6	7	5	9	4
5	4	7	2	3	9	1	6	8
1	6	9	3	7	8	4	2	5
7	2	5	4	9	1	3	8	6
3	8	4	6	5	2	7	1	9

060 答案

Time

目标时间 5分00秒

实测时间 分 秒

1 7 8	2 3 4	5	6 8 9	1 8	5 6 8 9	1	3	2 3 4 6
2 3 4 5 7	4 6	4 9	1 5 7 8	7	1 6	1 5 6 7 8	2 3 5 7 8	2 9
1 4 7 9	1 5 7	2 7 8	1 2 5	4	3	3 5 9	4 7 9	1 2 6
1 2 3 7 8	2 3 5 8	3 6	1 8	6	6 7	8 9	4 7 8 9	2 5 6 8 9
6	2 3 4	2 3 5 9	3 6 9	2 3 8 9	1 2 5 7 8	7	8	1 7 8 9
1	8 9	2 7 8 9	1 4 5 8	2 4 8	2 3 4 6 8	1 2 3 7	2 5 6	3 5 7 8
4 5 7 9	3 4 5 9	6 7	8 9	1 4 6 9	2	4 9	1	1 5 7
2 3 5	3 7 9	1 3 4	1 3	3 4 5	4 6	6 9	9	2 8
4	4 6 8	2 9	2 4 7 8	1	2 6 7	2	2 5 7	1 3 6

053

Time

目标时间 **5**分**00**秒

实测时间 分 秒

3	8	2	4	1	5	7	9	6
6	5	7	3	2	9	8	4	1
1	9	4	7	8	6	3	2	5
9	1	6	5	4	8	2	3	7
2	4	8	1	3	7	5	6	9
7	3	5	9	6	2	4	1	8
8	7	3	2	9	1	6	5	4
4	6	9	8	5	3	1	7	2
5	2	1	6	7	4	9	8	3

051 答案

389	69	237	4569	1678	38	3789	4567	123569
2389	2456	136	6789	1258	569	48	69	34567
368	35	45	23489	4569	29	15789	247	38
5	1458	1236	368	24	57	589	47	69
17	29	8	45	14689	17	24789	1234	45679
28	14	379	15689	9	18	478	1	4569
16	36789	29	1238	12389	3478	4567	13569	2378
1456	36	56789	125	5679	89	69	45678	468
34	57	23489	4589	59	156789	234	238	15

054

6	9	7	5	1	3	8	2	4
1	5	8	2	4	9	3	7	6
4	3	2	8	6	7	9	5	1
8	6	1	7	9	5	2	4	3
5	4	9	6	3	2	7	1	8
2	7	3	4	8	1	6	9	5
3	8	5	9	7	4	1	6	2
7	1	4	3	2	6	5	8	9
9	2	6	1	5	8	4	3	7

052 答案

Time

目标时间 8分00秒

实测时间 分 秒

3 4 6 8	1 4 7	4	2 4	6 9	2 3 4 5	1 6	5 6 9	6 8
2 3 5 6 7 8	2 4 6	2 3 7 9	1 4 5 7	2 5	2 7 8	3 5 7	4 6 7 8	3 4 8
3 9	1 2 4 5 7	1 3	5 7	4	1 6 8	2 7 9	8 9	7 8
1 2 3 4	4 7 9	1 3 5 7 8	4 6 7	2 3 5 8	2 5	2 5 8	1 3	4 6 7
2 4 6 7 9	1 2 3 6 8	1 3 4 7	4 6 7	1 6 7	2 5 7 9	5 6 7 8	3 5	1 2 9
1 3 6	3 7 8	2 7 9	2 3 5 8	5 7	3 5 6	4 9	3 4 5 6	1 8 9
6 7 8	1 2 3 9	6 7 8	1 2 3	1 2 3 8	3 4 8	6 7 8 9	3 7 8 9	1 5 7
4 5 7	2 4 5	3 5 6 7	7 9	8 9	2 3 7 8	1 6 8 9	2 4	1 2 5 7 9
1 4 5 8 9	1 4 7	1 3 8 9	1 5 6 7	6 7 8	1 5 9	1 2 3 4 7	1 2 3 5	3 6

055

Time

目标时间 8分00秒

实测时间 分 秒

7	2	5	6	8	9	1	3	4
3	6	4	5	7	1	8	2	9
9	1	8	2	4	3	5	7	6
8	5	3	1	6	7	9	4	2
6	4	2	9	3	5	7	8	1
1	9	7	4	2	8	3	6	5
5	3	6	8	9	2	4	1	7
2	7	1	3	5	4	6	9	8
4	8	9	7	1	6	2	5	3

053 答案

3 5 6 8	2 5 6 7	1 6	3 4 7	5 8	2 4 5	1 2 3 4 6	4 6 9	2 3 6 8
1 4 9	1 2 3 4 5	3 5 6	5 6 7 8	3 5 6 8	1 4 7 8 9	2 5 6 7 8	1 2	3 8 9
6 8 9	2 3 6 7 8	7 8	1 5	2 6 7 9	1 2 4 5	4 5 8	1 3 7 9	2 3 5 6
1 3 7	1 2 7	2 4 5	5 9	1 2	3 7	3 6	2 8	4 5
6	3 5 7 8 9	2 6 9	8	1 3 4 5 7	1 2 4 5	1 3 9	2 4 6 8 9	4 5 6 9
3 5 8	2 8 9	4 5 6 9	1 4 9	1 5 9	2 4 6 8	1 2 4	1 7	3 4
2 8	3 4	5 9	3 4 5	1 2 3 5 6	4 6 7 9	2 3 8	1 6 9	1 3 4 5
1 3 5	6 7 8	5 6 7 8	1 2 4 7 8	2 5 6 8 9	2 8	3 9	5 6 8	2 3 4 6 8
5 7	5 8	2 3 7 9	1 2 5 6	4 5 8	1 7 9	3 5 6 9	1 2 3	1 2 7

056

8	6	7	4	1	3	9	5	2
9	2	1	7	8	5	4	6	3
3	5	4	9	6	2	1	7	8
5	1	6	3	2	7	8	4	9
7	9	8	5	4	1	2	3	6
2	4	3	6	9	8	7	1	5
6	8	2	1	3	4	5	9	7
1	3	5	2	7	9	6	8	4
4	7	9	8	5	6	3	2	1

054 答案

Time

目标时间 8分00秒

实测时间 分 秒

25	368	46	59	167	578	39	3459	19
34	3469	138	567	4568	4579	59	27	26
2589	359	12578	24	34689	149	34	389	6
147	12479	6	1457	157	23	12568	178	234678
4	134	2378	367	579	34578	3568	12	269
245	1235	268	15679	179	35	235678	1457	27
12	3	236	2489	456	2359	27	468	23589
158	378	1578	348	1578	23569	234789	2489	345
6	48	29	4678	2378	1569	136	2349	12348

057

Time

目标时间 **8**分**00**秒

实测时间 分 秒

8	7	4	2	9	3	1	5	6
2	6	9	1	5	8	3	7	4
3	5	1	7	4	6	2	9	8
4	9	5	6	3	2	8	1	7
6	8	7	4	1	9	5	3	2
1	3	2	8	7	5	4	6	9
7	1	6	3	2	4	9	8	5
5	2	3	9	8	7	6	4	1
9	4	8	5	6	1	7	2	3

055 答案

4 8	2 3 4 6	2 3	6 7 9	7 8	4 8 9	5 6	2 9	1 2
2 3 4 6	6 9	7 9	1 7	4 7	3 4 5 9	4 6 7 8	1 3	3 6 7
1 2 5	4 7 8	2 4 5	1 2 4 5	4 8	3 6	4 7	4 6 8	5 9
1 2 6	2 8	1 2 3 8	1 3	2 4	4 5	5 6 7 8	3 9	5 6 9
4 8	3 5	5 7	3 5 8	8 9	1 2 9	2 3	3 6 8 9	6
2 4 5 8	3 9	2 5 8	1 8	1 5 6 9	6 7	2 3 4	1 3	2 3 4
4 6 9	1 4 5 7	7 8	4 7 8	1 2 5	2 5	1 6	4 5 9	3 8
1 3 4	2 4	2 3 4 6	2 9	5 7 9	6 8	1 4 8 9	5 6 7	2 8 9
2 7	1 3 4 6	6 9	4 7	3 7	7 8	3 4 9	4 5 6 7	1 2

058

3	5	1	7	8	2	4	9	6
4	2	6	5	3	9	7	1	8
9	7	8	1	6	4	5	3	2
7	1	4	9	2	3	6	8	5
6	3	2	8	7	5	1	4	9
8	9	5	4	1	6	2	7	3
2	4	9	3	5	7	8	6	1
1	6	7	2	9	8	3	5	4
5	8	3	6	4	1	9	2	7

056 答案

Time

目标时间 10分00秒

实测时间 分 秒

6 7 8	1 6 8 9	1 5 8	3 7	1 4 6	1 2 5 7 8	2 7 8	3 4 6 9	3 4 8 9
2 6 9	7 8	8 9	2 3	3 8	4 9	5 6 8 9	1 4 6 8 9	3 5 8 9
2 4 6	1 3 8	2 3 6 9	4 6 9	1 9	2 5 7 8	1 3 8	3 5 6 7 8	3 5 6 9
1 2 3 7	1 4 6 7	3 4 7 9	2 3 5 6	1 3 4 6	1 2 3	3 9	1 8 9	3 5 7
2 3 4 5	2 3 6 8	1 4 7	5 7	1 2 3 6 9	6 7 9	1 7	3 5 9	2 3 6 7 9
1 3 8	1 2 5 9	1 2 7 9	3 7 8 9	2 4 7	3 4 7	3 6 9	3 4 9	1 3 5 6 9
4 5 7	1 3 4	1 4 6	1 2 5 6 8	5 7 8	3 4 6 9	3 8 9	2 9	8
3 8 9	3 5	3 8	4 9	3 6 8 9	2 4 6 8 9	5 7 8 9	2 6	1 3 8
3 6 9	2 4 6 9	6 9	1 2 7 8	1 3 7	3 5 6 8	3 4 5 6 9	1 3 5 7	1 4 6 7 9

059

Time

目标时间 10分00秒

实测时间 分 秒

2	8	4	9	6	7	3	5	1
3	6	1	5	8	4	9	7	2
9	5	7	2	3	1	4	8	6
7	9	6	4	5	2	8	1	3
4	1	3	6	7	8	5	2	9
5	2	8	1	9	3	6	4	7
1	3	2	8	4	9	7	6	5
8	7	5	3	1	6	2	9	4
6	4	9	7	2	5	1	3	8

057 答案

67	12359	15	3479	24589	12459	136789	23479	12357
23468	1678	2357	568	2347	467	349	3589	149
126789	5	29	14789	1457	356	12569	4579	147
3469	12378	367	34579	1589	45	1269	2457	23469
12	236	15678	13568	569	346789	57	19	47
15	12479	378	1237	349	24589	1249	13679	234789
1357	2368	16789	2357	567	23478	47	234	3589
1479	12679	5	49	14789	1457	356	12589	5679
134	34689	23478	367	34579	1259	57	169	2459

060

8	4	3	6	7	9	5	2	1
2	6	9	1	4	5	8	3	7
1	7	5	2	8	3	4	6	9
6	8	1	3	2	4	7	9	5
4	3	7	5	9	1	2	8	6
5	9	2	8	6	7	3	1	4
9	5	8	7	1	2	6	4	3
3	2	4	9	5	6	1	7	8
7	1	6	4	3	8	9	5	2

058 答案

Time

目标时间 **10**分**00**秒

实测时间 分 秒

		1	3	6		8		
	2			8	5	3	8	
7	8		8	2	1			3
	3	4	6		3	2		2
4	5	6		2		8	6	3
2		5	4		2	7	5	
6			2	3	4		3	9
	4	4	3	9			2	
		9		7	8	3		

061

Time

目标时间	实测时间
5分**00**秒	分　秒

^{8}9	2	5	7	^{7}8	6	^{2}1	4	^{4}3
1	^{4}3	^{8}7	^{8}9	^{1}2	^{3}4	5	^{9}8	6
^{7}8	6	^{5}4	3	5	1	^{3}2	^{8}9	7
7	^{7}8	6	^{5}4	^{2}1	^{6}5	3	^{3}2	9
^{3}4	^{2}1	9	^{5}6	3	^{1}2	8	^{6}7	^{4}5
3	^{6}5	2	^{9}8	^{6}7	^{8}9	4	^{5}6	1
6	^{5}4	^{2}1	2	9	3	^{8}7	5	^{7}8
5	^{8}9	8	^{2}1	^{3}4	^{8}7	^{7}6	^{4}3	2
^{3}2	7	^{2}3	5	^{5}6	8	9	1	^{5}4

069 答案

7		7	2			8	8	4
2		8		4	2	1		
2	3		9		6		5	4
	5	5				6		8
	2			8			1	
6		2				9	2	
3	1		8		8		4	2
		2	1	3		5		9
8	9	4			7	6		3

062

3	$^{8}7$	$^{9}8$	1	$^{8}9$	6	$^{4}5$	2	4
4	$^{3}2$	9	$^{9}8$	$^{2}3$	5	7	$^{7}6$	$^{2}1$
$^{6}5$	6	1	$^{5}4$	$^{3}2$	7	9	3	$^{9}8$
9	5	2	3	6	1	$^{5}4$	$^{9}8$	7
$^{6}7$	$^{7}8$	$^{2}3$	5	4	9	$^{7}6$	$^{2}1$	$^{3}2$
1	$^{5}4$	$^{7}6$	7	8	2	3	5	9
$^{3}2$	9	7	6	$^{6}5$	$^{9}8$	1	4	$^{2}3$
$^{5}6$	$^{2}1$	4	2	$^{6}7$	$^{4}3$	8	$^{8}9$	5
8	3	$^{4}5$	9	$^{2}1$	4	$^{3}2$	$^{6}7$	6

070 答案

Time

目标时间 **5**分**00**秒

实测时间 分 秒

	8	2	6		8		2	
4			8	3	4			5
			7	1				8
7	2		8		8	5	7	3
	5	8				6	2	
3	4	8	5		7		7	8
2				8	5			
4			1	6	6			7
	4		2		9	8	3	

063

Time

目标时间 **5分00秒**

实测时间 分 秒

9	8	$^{1}2$	$^{3}4$	$^{6}5$	1	$^{8}7$	3	6
5	$^{2}3$	4	8	$^{8}7$	$^{5}6$	$^{3}2$	$^{8}9$	1
$^{7}6$	$^{8}7$	1	$^{8}9$	$^{2}3$	$^{1}2$	5	8	$^{3}4$
8	$^{3}2$	$^{4}5$	$^{6}7$	9	$^{3}4$	$^{2}1$	6	$^{2}3$
$^{4}3$	$^{5}4$	$^{6}7$	6	$^{2}1$	8	$^{8}9$	$^{6}5$	$^{3}2$
$^{2}1$	9	$^{5}6$	$^{4}5$	2	$^{2}3$	$^{7}8$	$^{5}4$	7
$^{6}7$	6	9	$^{2}1$	$^{3}4$	$^{4}5$	3	$^{3}2$	$^{9}8$
4	$^{4}5$	$^{4}3$	$^{3}2$	$^{9}8$	7	6	$^{2}1$	9
2	1	$^{9}8$	3	$^{7}6$	$^{8}9$	$^{3}4$	7	5

061 答案

6	4	8	9	3	2		5	5
5	7					8	1	2
	2	4	7			6		9
8				8		5		4
2			8		4			6
7		4		9				6
4		8			7	2	6	
4	8	3					2	5
7	5		2	6	8	8	5	1

064

^{7}6	5	^{7}8	^{2}1	2	4	^{8}9	^{8}7	^{4}3
^{2}1	9	^{8}7	6	^{4}5	^{2}3	^{1}2	8	4
^{2}3	^{3}4	2	^{9}8	9	^{6}7	1	^{5}6	^{4}5
2	^{5}6	^{5}4	9	3	8	^{6}5	1	^{8}7
8	^{2}3	9	5	^{8}7	1	4	^{1}2	6
^{6}5	7	^{2}1	4	6	2	^{9}8	^{2}3	9
^{3}4	^{1}2	6	^{8}7	8	^{8}9	3	^{4}5	^{2}1
7	1	^{2}3	^{1}2	^{3}4	5	^{5}6	9	^{9}8
^{8}9	^{9}8	^{4}5	3	1	^{7}6	^{6}7	4	^{3}2

062 答案

Time

目标时间 8分00秒

实测时间 分 秒

	7		4		8		3	
9	3			7		5	2	8
	8		7					
5			8	8	3	2		7
	7		7		5		8	
1		8	6	2	9			7
					2		7	
8	2	4		6			9	6
	5		3		2		8	

065

Time

目标时间 8分00秒

实测时间 分 秒

6	${}^{8}7$	${}^{2}3$	${}^{6}5$	8	${}^{8}9$	2	${}^{2}1$	4
${}^{4}5$	2	1	${}^{8}7$	${}^{3}4$	${}^{4}3$	8	9	${}^{5}6$
9	4	8	${}^{7}6$	${}^{1}2$	1	3	5	${}^{8}7$
${}^{7}8$	${}^{2}1$	5	${}^{8}9$	3	${}^{8}7$	${}^{5}4$	${}^{7}6$	${}^{3}2$
4	${}^{5}6$	${}^{8}9$	8	5	2	${}^{6}7$	${}^{2}3$	1
${}^{3}2$	${}^{4}3$	${}^{8}7$	${}^{5}4$	1	${}^{7}6$	5	${}^{7}8$	${}^{8}9$
${}^{2}1$	8	2	3	${}^{8}9$	${}^{5}4$	6	7	5
${}^{4}3$	9	6	${}^{1}2$	${}^{6}7$	${}^{6}5$	1	4	${}^{7}8$
7	${}^{4}5$	4	${}^{2}1$	6	${}^{9}8$	${}^{8}9$	${}^{3}2$	3

063 答案

	3	7	8		7	8		
	5	5		8	2		9	4
6			9				1	4
2	5		3	2	6	9		3
	8		5		4		2	
5		8	8	7	1		4	7
8	7				5			2
3	6		2	6		2	7	
		2	4		9	4	5	

066

^{6}7	^{4}5	^{8}9	^{9}8	^{3}2	^{2}1	3	^{5}4	^{5}6
^{5}4	^{7}8	6	5	3	7	^{8}9	^{1}2	^{2}1
2	^{2}1	^{4}3	^{7}6	9	4	^{6}5	7	^{9}8
^{8}9	2	8	4	^{8}7	5	^{5}6	1	^{4}3
^{2}1	7	4	^{8}9	6	^{4}3	2	8	^{6}5
^{7}6	3	^{4}5	1	^{9}8	2	4	9	^{6}7
^{4}3	6	^{8}7	2	4	^{7}8	^{2}1	^{6}5	9
^{4}5	^{8}9	^{3}2	7	1	6	8	^{2}3	^{5}4
^{7}8	^{5}4	1	^{2}3	^{6}5	^{8}9	^{8}7	^{5}6	^{1}2

064 答案

Time

目标时间	实测时间
8分00秒	分 秒

4			1	7		4	5	8
8	5	2	2			3	6	
3	9	5		6		2	4	
			7		5		8	2
5		5				4		2
6	4		6		2			
	3	8		2		8	3	6
	2	6			1	5	2	5
2	8	3		6	5			6

067

Time

目标时间 8分00秒

实测时间 分 秒

1	[7]6	5	[4]3	4	[8]9	8	[3]2	7
[9]8	[3]2	7	1	[7]6	5	[5]4	[2]3	[8]9
3	[8]9	4	[7]8	2	7	6	5	1
[5]4	5	6	[8]7	[8]9	[3]2	[2]3	1	[7]8
7	[7]8	1	[7]6	3	[5]4	5	[8]9	2
[1]2	3	[8]9	[6]5	[2]1	[9]8	7	4	[7]6
5	7	2	9	8	[2]3	1	[7]6	4
[8]9	[2]1	[4]3	4	[6]7	6	2	[9]8	[6]5
6	[5]4	8	[3]2	5	[2]1	9	[8]7	3

065 答案

	8	2	4		8	3		
		8		2	3	8		7
3	9				7		6	8
8	1	4		8				7
	3		2		7		6	
6				1		8	2	5
5	2		8				3	6
9		4	2	3		4		
		3	9		6	5	8	

068

3	$^{3}2$	$^{7}8$	$^{8}7$	5	$^{7}6$	$^{8}9$	1	4
5	$^{5}4$	$^{5}6$	2	$^{8}9$	$^{2}1$	7	$^{9}8$	$^{4}3$
$^{6}7$	1	9	$^{9}8$	4	3	6	$^{1}2$	$^{4}5$
$^{2}1$	$^{5}6$	5	$^{3}4$	$^{2}3$	$^{6}7$	$^{9}8$	9	$^{3}2$
8	$^{8}9$	2	$^{5}6$	1	$^{4}5$	4	$^{2}3$	7
$^{5}4$	3	$^{8}7$	$^{8}9$	$^{7}8$	$^{1}2$	1	$^{4}5$	$^{7}6$
$^{8}9$	$^{7}8$	3	5	6	$^{5}4$	2	7	$^{2}1$
$^{3}2$	$^{6}5$	4	$^{2}1$	$^{6}7$	9	$^{2}3$	$^{7}6$	8
6	7	$^{2}1$	$^{4}3$	2	$^{9}8$	$^{4}5$	$^{5}4$	9

066 答案

Time

目标时间	实测时间
10分00秒	分 秒

8				7		2		4
	4	8	8	1	3		9	
7		5				3	8	
	7		5	2	6		3	
3	2		5		1		6	4
	6		9	6	8		5	
	5	2				8		7
	8		2	3	8	7	4	
3		2		5				5

069

Time

目标时间 **10分00秒**

实测时间 分 秒

^{4}5	7	1	^{1}2	^{7}6	8	^{4}3	^{5}4	^{8}9
^{8}9	^{5}6	^{2}3	^{2}1	4	5	^{3}2	^{6}7	8
^{3}2	^{9}8	^{5}4	3	^{6}7	9	^{2}1	^{4}5	6
1	5	8	^{7}6	2	^{5}4	7	^{8}9	^{2}3
^{5}4	2	^{5}6	9	3	7	^{4}5	8	^{2}1
^{6}7	^{4}3	9	^{6}5	8	^{2}1	4	6	2
6	^{3}4	^{8}7	8	^{2}1	3	^{8}9	^{3}2	^{6}5
8	^{2}1	^{6}5	7	9	^{1}2	^{5}6	^{2}3	^{5}4
^{2}3	^{8}9	^{3}2	4	^{6}5	^{5}6	8	1	^{6}7

067 答案

	8	9		8		4		
	3		9	2			7	2
6			5	3				9
						5	9	
6	7	2				7	2	3
	5	7						
3				6	9			2
5	2			6	4		8	
		4		2		3	6	

070

6	^{8}7	^{2}1	^{4}5	8	^{8}9	^{3}2	4	3
5	3	^{8}9	2	^{2}1	^{3}4	^{8}7	8	^{7}6
^{3}2	^{9}8	4	7	3	^{7}6	1	^{6}5	^{8}9
^{8}9	^{1}2	^{4}3	4	^{8}7	5	6	1	^{7}8
1	^{3}4	6	^{2}3	9	^{7}8	5	^{6}7	2
^{6}7	5	8	6	^{1}2	1	^{8}9	^{2}3	^{5}4
^{5}4	^{2}1	7	^{8}9	6	3	8	^{3}2	^{6}5
^{9}8	9	^{4}5	^{2}1	^{3}4	2	^{4}3	6	7
3	6	^{3}2	^{9}8	5	^{6}7	^{5}4	^{8}9	1

068 答案

Time

目标时间 10分00秒

实测时间 分 秒

	5 6	2 3 7	1 9	8 9	2 6	1	7 8	4	2 3 9	
7										6
1 6										7 5
9										3
4 7										9 5
2										7 4
1 9										6 3
2 4 9										5
3 8										9 6 1
1										8 4
	3 1	9	8 7 2	5	3 1	8 2	2	9 3	6 4	

071

Time

目标时间 5分00秒

实测时间 分 秒

	1	4 7	5 8	5	2 8	7		4 7	5	
9	1	9	5	6	2	7	8	4	3	8 3
2 8	2	7	8	9	4	3	6	1	5	
4	6	4	3	5	8	1	9	7	2	9
1 9	9	1	6	4	3	2	7	5	8	8 7
3 7	7	3	2	8	6	5	1	9	4	9 1
4 5	5	8	4	7	1	9	3	2	6	3 2
3	3	2	7	1	5	8	4	6	9	6
4 5	4	5	9	3	7	6	2	8	1	8 1
1 8	8	6	1	2	9	4	5	3	7	7 3
	3	6		3	9	4	4 2	8	9	

079 答案

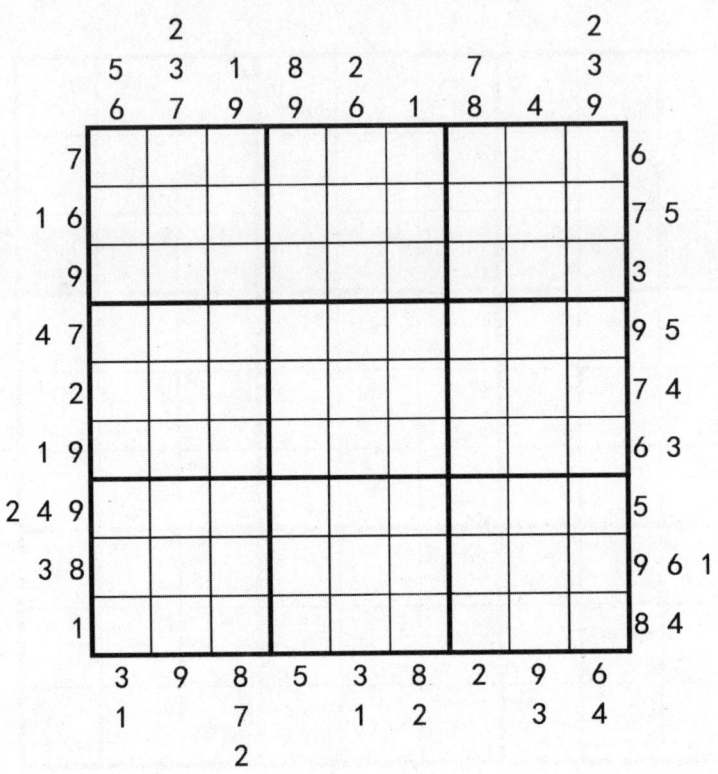

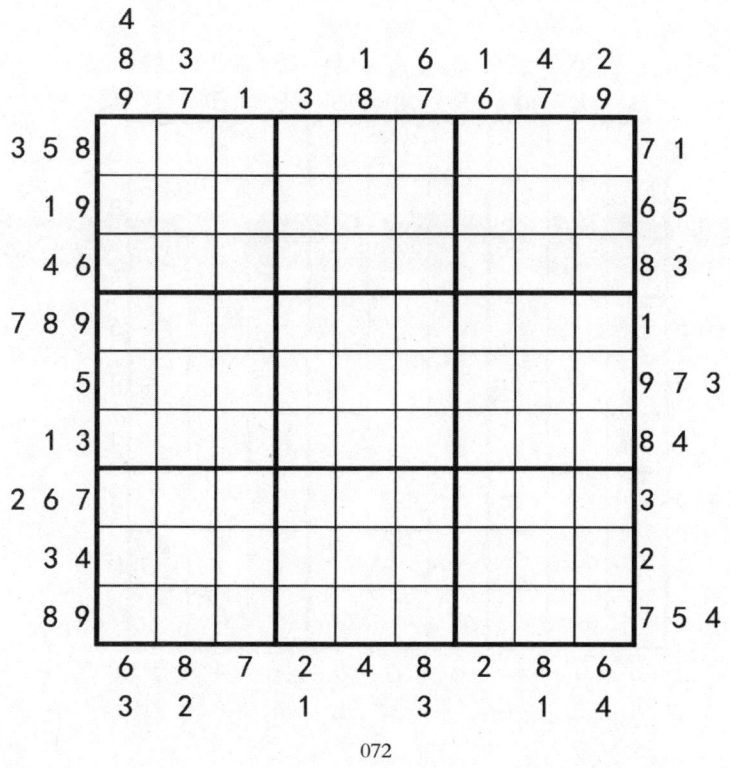

	4									
	8	3			1	6	1	4	2	
	9	7	1	3	8	7	6	7	9	
3 5 8										7 1
1 9										6 5
4 6										8 3
7 8 9										1
5										9 7 3
1 3										8 4
2 6 7										3
3 4										2
8 9										7 5 4
	6	8	7	2	4	8	2	8	6	
	3	2		1		3		1	4	

072

		1		5		1		1		
	7	3	5	8	3	9	4	7	3	
5	8	1	5	4	7	2	9	6	3	9 6
7	7	6	4	5	3	9	2	1	8	8
2 3	9	3	2	8	6	1	4	7	5	5 4
5	2	5	7	1	8	4	6	3	9	3
6 8	4	8	6	9	5	3	7	2	1	7 1
1	3	9	1	7	2	6	5	8	4	4
6 7	6	7	9	3	4	8	1	5	2	5 1
5	5	4	3	2	1	7	8	9	6	8
2	1	2	8	6	9	5	3	4	7	4
	5	7	9	6	4	8	1	9	2	
		2		2		5		5		

080 答案

Time

目标时间 **5**分**00**秒

实测时间 分 秒

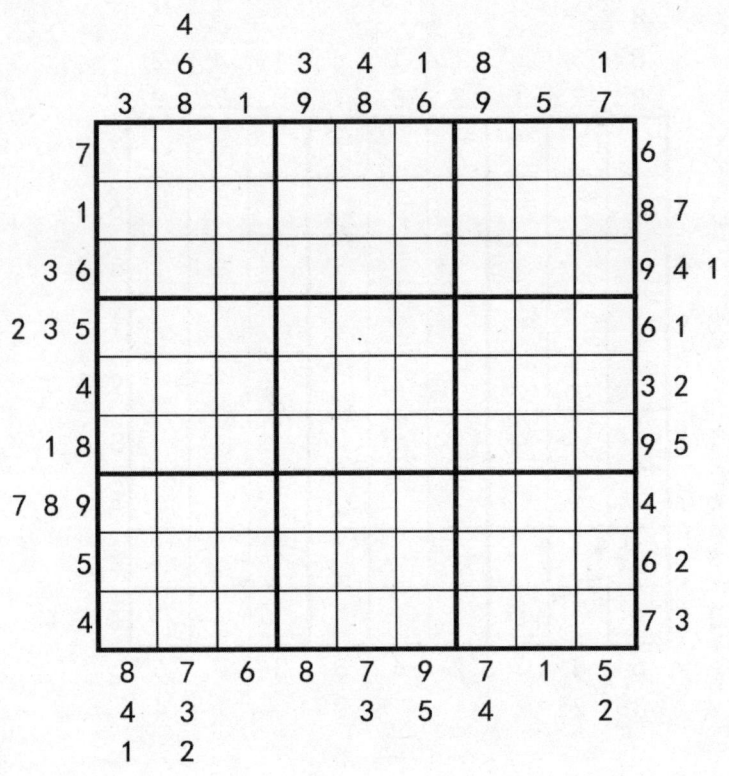

		4								
		6		3	4	1	8		1	
	3	8	1	9	8	6	9	5	7	
7										6
1										8 7
3 6										9 4 1
2 3 5										6 1
4										3 2
1 8										9 5
7 8 9										4
5										6 2
4										7 3
	8	7	6	8	7	9	7	1	5	
	4	3			3	5	4		2	
	1	2								

073

Time

目标时间	实测时间
5分**00**秒	分　秒

		2							2	
	5	3	1	8	2		7		3	
	6	7	9	9	6	1	8	4	9	
7	8	7	4	9	5	3	6	1	2	6
1 6	6	3	1	8	2	4	7	5	9	7 5
9	5	2	9	7	6	1	8	4	3	3
4 7	7	4	3	1	8	6	9	2	5	9 5
2	2	8	6	3	9	5	4	7	1	7 4
1 9	9	1	5	2	4	7	3	6	8	6 3
2 4 9	4	9	2	6	1	8	5	3	7	5
3 8	3	5	8	4	7	2	1	9	6	9 6 1
1	1	6	7	5	3	9	2	8	4	8 4
	3	9	8	5	3	8	2	9	6	
	1		7		1	2		3	4	
			2							

071 答案

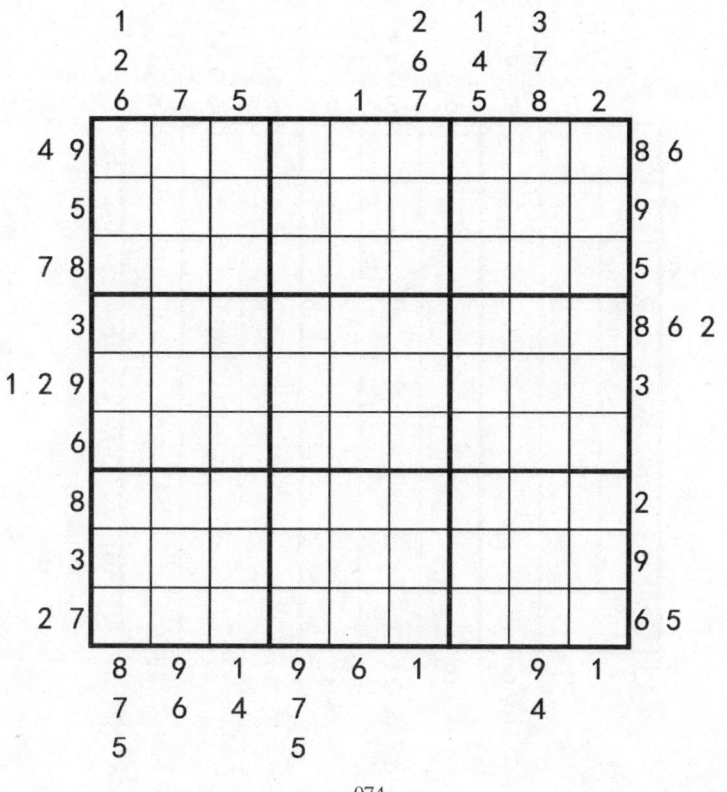

	1 2 6	7	5		1	2 6 7	1 4 5	3 7 8	2	
4 9										8 6
5										9
7 8										5
3										8 6 2
1 2 9										3
6										
8										2
3										9
2 7										6 5
	8 7 5	9 6	1 4	9 7 5	6	1		9 4	1	

074

	4 8 9	3 7	1	3	1 8	6 7	1 6	4 7	2 9	
3 5 8	8	3	5	4	9	6	1	7	2	7 1
1 9	9	7	1	3	8	2	6	4	5	6 5
4 6	4	6	2	5	1	7	8	3	9	8 3
7 8 9	7	9	8	6	3	4	5	2	1	1
5	5	4	6	8	2	1	3	9	7	9 7 3
1 3	2	1	3	7	5	9	4	6	8	8 4
2 6 7	6	2	7	1	4	5	9	8	3	3
3 4	3	5	4	9	7	8	2	1	6	2
8 9	1	8	9	2	6	3	7	5	4	7 5 4
	6 3	8 2	7	2 1	4	8 3	2	8 1	6 4	

072 答案

Time

目标时间 **8分00秒**

实测时间 分 秒

	2 7	5	8 9	6	2 8	5	6	4 7	3 9	
1 6										8
2										7 1
7 9										6
5 7 8										6
1 2										3
3 6										2 1
3 8										4 1
2 4 9										8 6 5
1										7
	8	6	3 2	8 2	5 4	6 3	5	8	2	

075

Time

目标时间 8分00秒

实测时间 分 秒

	3	4 6 8	1	3 9	4 8	1 6	8 9	5	1 7	
7	5	8	7	9	4	1	3	2	6	6
1	9	4	1	3	2	6	8	5	7	8 7
3 6	3	6	2	5	8	7	9	4	1	9 4 1
2 3 5	2	5	3	7	9	4	1	6	8	6 1
4	6	9	4	1	5	8	2	7	3	3 2
1 8	7	1	8	2	6	3	5	9	4	9 5
7 8 9	8	7	9	6	3	2	4	1	5	4
5	1	3	5	4	7	9	6	8	2	6 2
4	4	2	6	8	1	5	7	3	9	7 3
	8 4 1	7 3 2	6	8	7 3	9 5	7 4	1	5 2	

073 答案

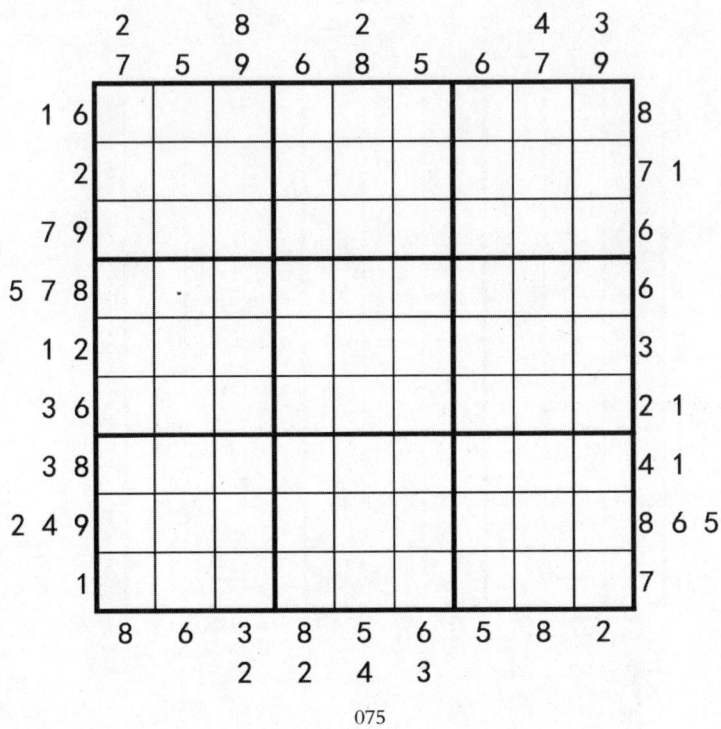

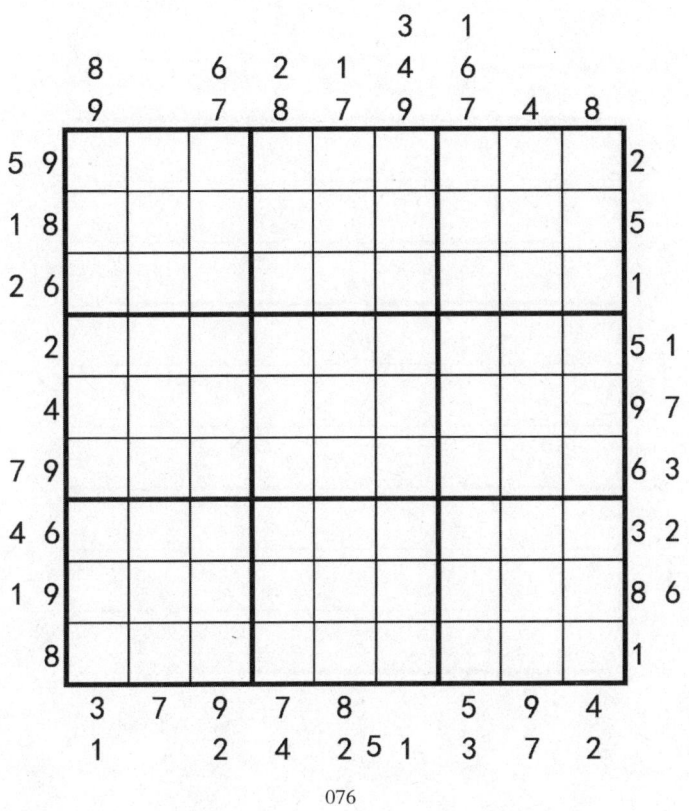

	8 9		6 7	2 8	1 7	3 4 9	1 6 7	4	8	
5 9										2
1 8										5
2 6										1
2										5 1
4										9 7
7 9										6 3
4 6										3 2
1 9										8 6
8										1
	3 1	7	9 2	7 4	8 2	5 1	5 3	9 7	4 2	

076

	1 2 6	7	5		1	2 6 7	1 4 5	3 7 8	2	
4 9	2	4	9	3	5	7	1	8	6	8 6
5	6	3	5	8	1	2	4	7	9	9
7 8	1	7	8	4	9	6	5	3	2	5
3	3	5	7	1	4	9	2	6	8	8 6 2
1 2 9	9	1	2	6	7	8	3	5	4	3
6	4	8	6	2	3	5	9	1	7	
8	8	9	4	5	6	1	7	2	3	2
3	5	6	3	7	2	4	8	9	1	9
2 7	7	2	1	9	8	3	6	4	5	6 5
	8 7 5	9 6	1 4	9 7 5	6	1		9 4	1	

074 答案

Time

目标时间	实测时间
8分00秒	分　秒

	4 5 6	2 8	7 9	9	3	5 6 7	1 7	2	6 8	
1										5
3 5										9 4
2 6 9										3
2 5										7
8 9										5 1
1 7										8 3
4										5
1 6										4
7										3
	3	9 6	5 4 2	7 2	8 6 5	1	9 3		4 2	

077

Time

目标时间 8分00秒

实测时间 分 秒

	2 7	5	8 9	6	2 8	5	6	4 7	3 9	
1 6	3	1	6	9	2	7	8	4	5	8
2	2	4	8	6	3	5	1	7	9	7 1
7 9	7	5	9	4	8	1	6	2	3	6
5 7 8	5	8	7	3	1	2	9	6	4	6
1 2	9	2	1	7	6	4	3	5	8	3
3 6	6	3	4	5	9	8	2	1	7	2 1
3 8	8	7	3	2	5	6	4	9	1	4 1
2 4 9	4	9	2	1	7	3	5	8	6	8 6 5
1	1	6	5	8	4	9	7	3	2	7
	8	6	3 2	8 2	5 4	6 3	5	8	2	

075 答案

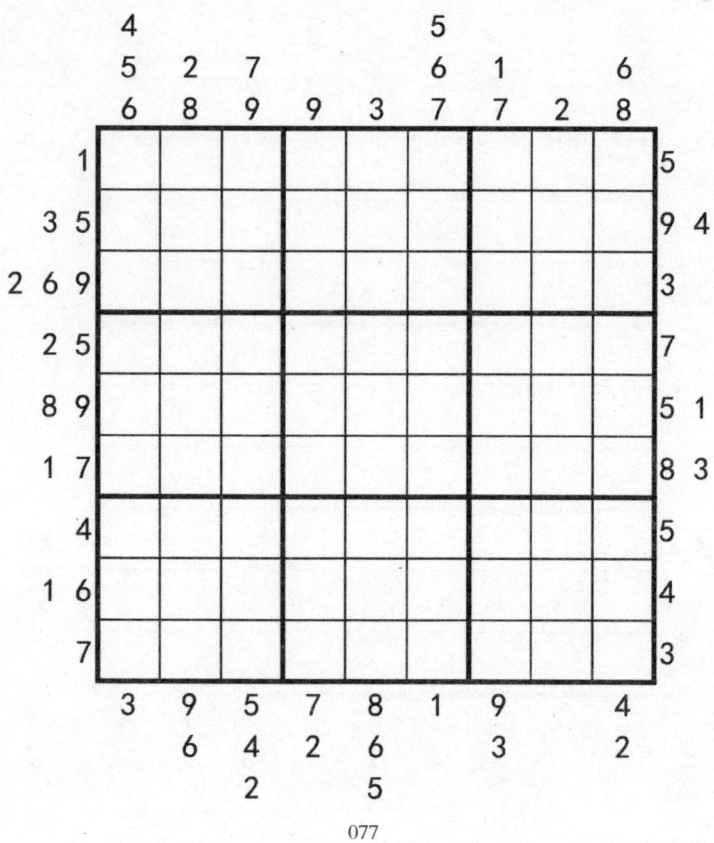

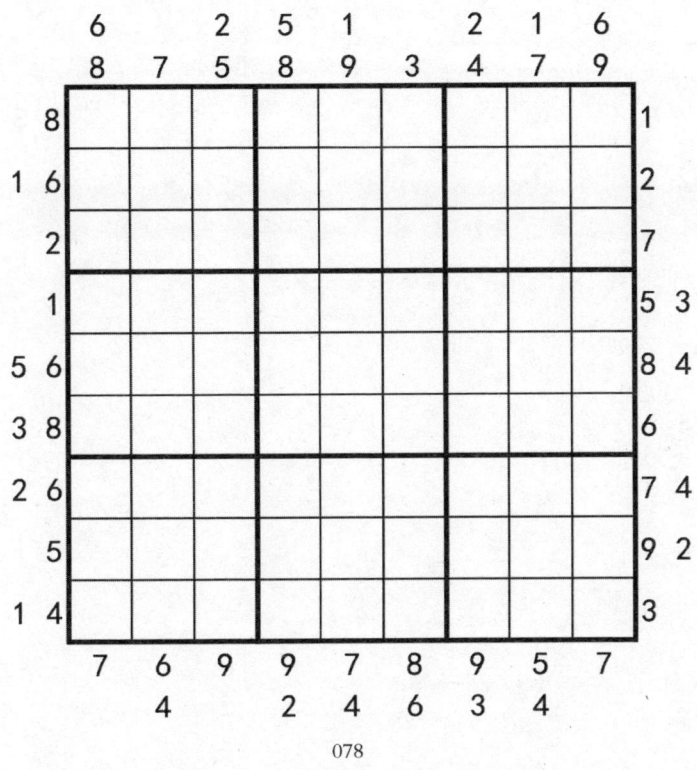

	6		2	5	1		2	1	6	
	8	7	5	8	9	3	4	7	9	
8										1
1 6										2
2										7
1										5 3
5 6										8 4
3 8										6
2 6										7 4
5										9 2
1 4										3
	7	6	9	9	7	8	9	5	7	
		4		2	4	6	3	4		

078

						3	1			
	8		6	2	1	4	6			
	9		7	8	7	9	7	4	8	
5 9	9	5	7	8	1	4	6	2	3	2
1 8	8	4	1	2	6	3	7	5	9	5
2 6	2	3	6	5	7	9	1	4	8	1
2	6	2	8	9	3	7	4	1	5	5 1
4	4	1	3	6	5	2	9	8	7	9 7
7 9	7	9	5	1	4	8	2	3	6	6 3
4 6	5	6	4	7	8	1	3	9	2	3 2
1 9	1	7	9	3	2	5	8	6	4	8 6
8	3	8	2	4	9	6	5	7	1	1
	3	7	9	7	8		5	9	4	
	1		2	4	2	5 1	3	7	2	

076 答案

Time

目标时间	实测时间
10分**00**秒	分 秒

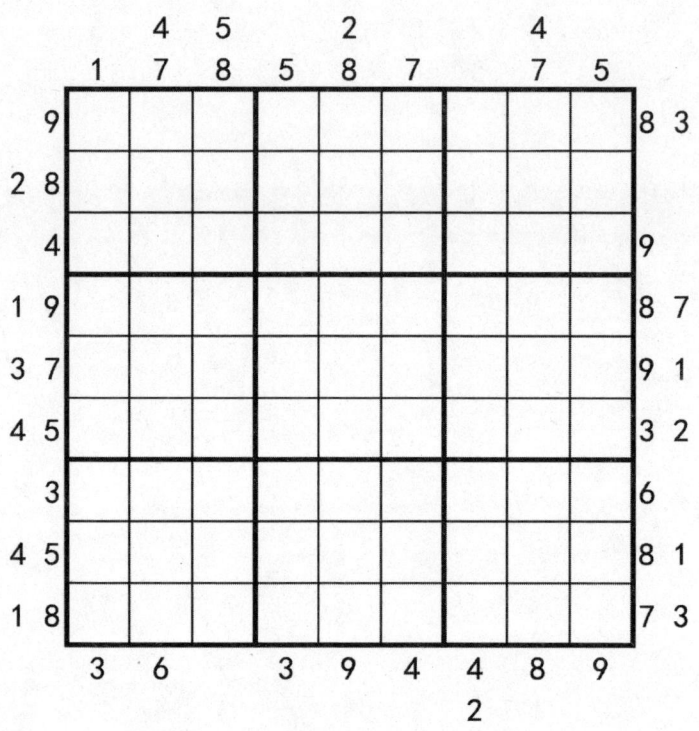

		4	5		2			4		
	1	7	8	5	8	7		7	5	
9										8 3
2 8										
4										9
1 9										8 7
3 7										9 1
4 5										3 2
3										6
4 5										8 1
1 8										7 3
	3	6		3	9	4	4	8	9	
							2			

079

Time

目标时间 **10分00秒**

实测时间 分 秒

	4					5				
	5	2	7			6	1		6	
	6	8	9	9	3	7	7	2	8	
1	4	8	1	9	3	7	5	2	6	5
3 5	5	3	7	8	2	6	1	4	9	9 4
2 6 9	6	2	9	1	4	5	7	3	8	3
2 5	2	5	3	6	1	8	4	9	7	7
8 9	9	4	8	3	7	2	6	1	5	5 1
1 7	7	1	6	5	9	4	2	8	3	8 3
4	3	9	4	7	6	1	8	5	2	5
1 6	1	6	5	2	8	3	9	7	4	4
7	8	7	2	4	5	9	3	6	1	3
	3	9	5	7	8	1	9		4	
		6	4	2	6		3		2	
			2		5					

077 答案

			1		5		1		1			
		7	3	5	8	3	9	4	7	3		
	5										9	6
	7										8	
2	3										5	4
	5										3	
6	8										7	1
	1										4	
6	7										5	1
	5										8	
	2										4	
		5	7	9	6	4	8	1	9	2		
			2		2		5		5			

080

		6		2	5	1		2	1	6		
		8	7	5	8	9	3	4	7	9		
	8	8	3	5	7	6	2	4	1	9	1	
1	6	6	7	1	8	9	4	2	3	5	2	
	2	4	9	2	5	1	3	8	7	6	7	
	1	9	1	4	6	8	7	5	2	3	5	3
5	6	5	2	6	1	3	9	7	8	4	8	4
3	8	3	8	7	4	2	5	6	9	1	6	
2	6	2	6	3	9	5	8	1	4	7	7	4
	5	7	5	8	3	4	1	9	6	2	9	2
1	4	1	4	9	2	7	6	3	5	8	3	
		7	6	9	9	7	8	9	5	7		
			4		2	4	6	3	4			

078 答案

Time

目标时间 10分00秒

实测时间 分 秒

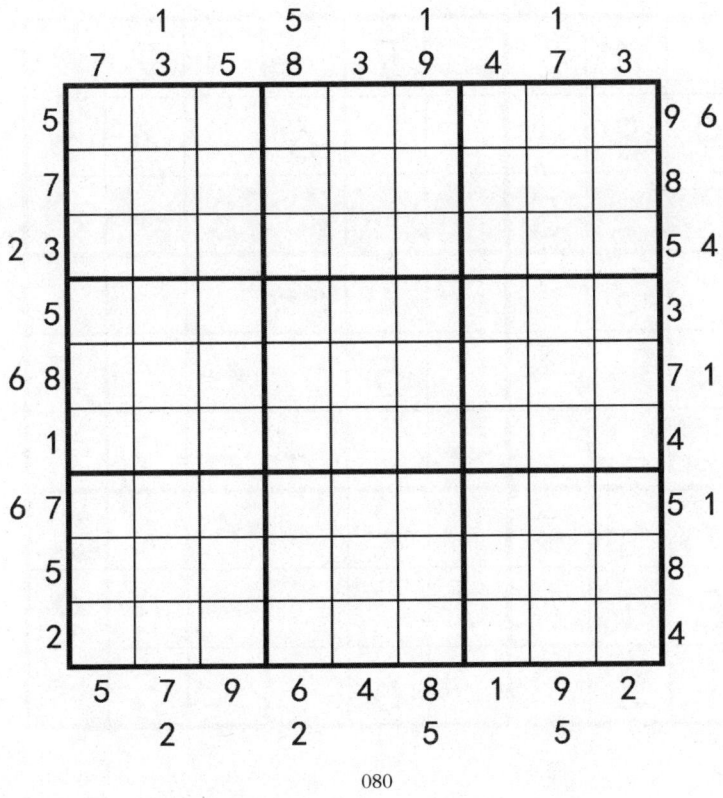

	4			7			2	
9	8	←			6		4	5
		5		→		3	→	
	3		→		←			
4		→		5		←		7
			→		→		9	
	←	4		→		6		
8	1		7			←	3	9
	2			6			5	

081

Time

目标时间 5分00秒

实测时间 分 秒

标杆= 4

5	2	~~7~~	9	~~8~~	6	~~1~~	3	4
1	~~6~~	9	~~2~~	4	~~3~~	5	~~8~~	7
~~3~~	4	8	1	5	7	2	9	~~6~~
4	~~1~~	6	8	~~7~~	9	3	~~5~~	2
~~7~~	9	2	~~3~~	1	~~5~~	4	6	~~8~~
8	~~3~~	5	4	~~6~~	2	7	~~1~~	9
~~2~~	8	1	6	3	4	9	7	~~5~~
6	~~7~~	4	~~5~~	9	~~1~~	8	~~2~~	3
9	5	~~3~~	7	~~2~~	8	~~6~~	4	1

089 答案

	2	←			←	7		
	9		1		→		6	5
8		5		→	→	3		←
←	→	→		7			3	
		→	6		2	→		
	5			3		→	→	→
→		9	←	←		5		3
5	4		→		3		7	
		3	→			→	4	

082

标杆= 5

2	1	9	4	3	8	5	~~6~~	7
~~3~~	8	~~6~~	~~1~~	7	5	~~2~~	4	9
7	~~4~~	5	~~6~~	2	~~9~~	3	~~8~~	1
9	2	~~4~~	7	8	6	~~1~~	~~3~~	5
1	5	8	9	4	3	6	7	2
6	~~7~~	~~3~~	2	5	1	~~8~~	9	4
5	~~6~~	7	~~3~~	9	~~2~~	4	~~1~~	8
4	3	~~2~~	8	1	~~7~~	~~9~~	5	~~6~~
8	~~9~~	1	5	6	4	7	2	3

090 答案

Time

目标时间 5分00秒

实测时间 分 秒

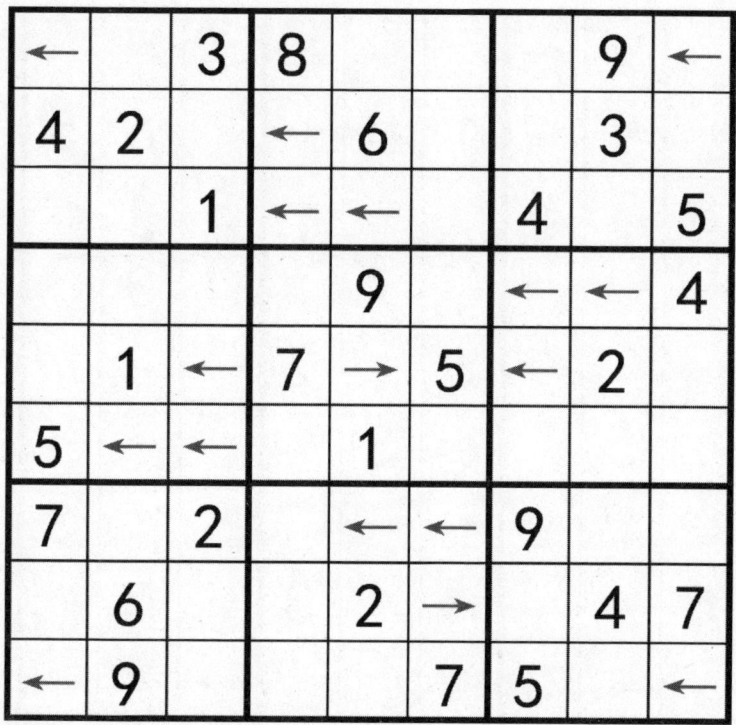

←		3	8				9	←
4	2		←	6			3	
		1	←	←		4		5
				9		←	←	4
	1	←	7	→	5	←	2	
5	←	←		1				
7		2		←	←	9		
	6			2	→		4	7
←	9				7	5		←

083

Time

目标时间 5分00秒

实测时间 分 秒

标杆= 6

6	4	3	5	7	8	9	2	1
9	8	~~4~~	2	3	6	7	4	5
2	7	5	4	~~9~~	1	3	~~8~~	6
5	3	7	~~9~~	1	~~2~~	8	6	4
4	9	~~8~~	6	5	3	~~2~~	1	7
1	6	2	~~8~~	4	~~7~~	5	9	3
3	~~5~~	4	1	~~8~~	9	6	7	2
8	1	6	7	2	5	~~4~~	3	9
7	2	9	3	6	4	1	5	8

081 答案

	9	←	←		←	7	3	
8	5	3		←		←	6	2
7	←				1		5	→
←		2	←		→			←
	←			3			←	
←			←		←	9		→
←	7		1				→	6
6	4	→		←		5	8	1
	1	5	→		←	←	2	

084

标杆= 5

6	2	~~1~~	3	5	~~4~~	7	8	9
3	9	4	1	8	~~7~~	2	6	5
8	7	5	2	~~9~~	~~6~~	3	1	~~4~~
~~1~~	~~8~~	~~6~~	5	7	9	4	3	2
9	3	~~7~~	6	4	2	~~8~~	5	1
4	5	2	8	3	1	~~6~~	~~9~~	~~7~~
~~7~~	6	9	~~4~~	~~1~~	8	5	2	3
5	4	8	~~9~~	2	3	1	7	6
2	1	3	~~7~~	6	5	~~9~~	4	8

082 答案

Time

目标时间 8分00秒

实测时间 分 秒

1	→	→						4
	→			4	7	6	←	←
	6		→		1			→
	3	5	6		8	←		
	8						5	
		←	3		4	9	6	
→			8		←		9	
←	←	8	7	9			←	
3						→	←	7

085

Time

目标时间	实测时间
8分**00**秒	分　秒

标杆= 7

~~6~~	5	3	8	7	4	2	9	~~1~~
4	2	9	~~5~~	6	1	7	3	8
8	7	1	~~2~~	~~3~~	9	4	6	5
2	8	7	3	9	6	~~1~~	~~5~~	4
9	1	~~4~~	7	~~8~~	5	~~6~~	2	3
5	~~3~~	~~6~~	4	1	2	8	7	9
7	4	2	1	~~5~~	~~3~~	9	8	6
1	6	5	9	2	~~8~~	3	4	7
~~3~~	9	8	6	4	7	5	1	~~2~~

083 答案

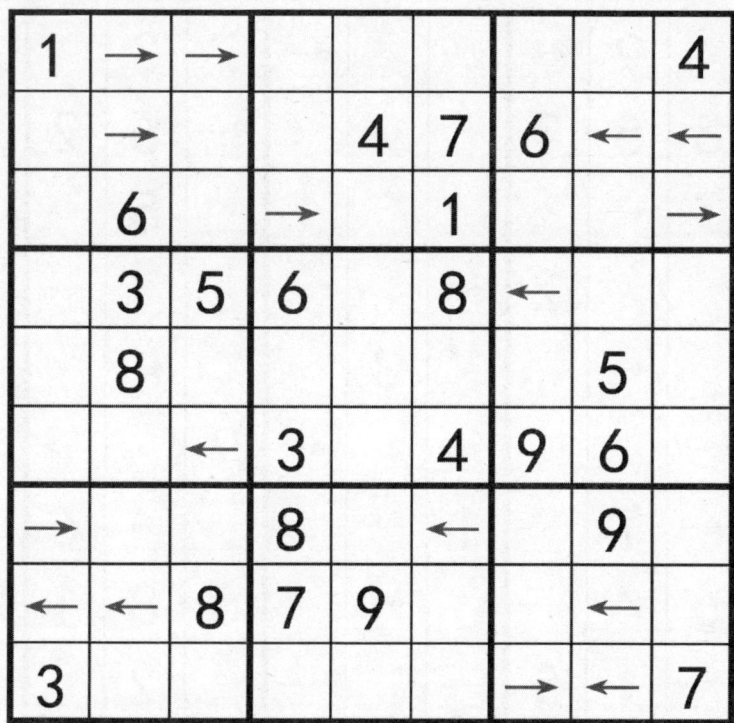

9		5		→		→		3
	←	2	9	5			←	
←		1		←		9	7	5
							9	
←	6	→		2		←	8	→
	1							
8	9	6		←		3		←
	←			9	3	1	→	
1		←		←		7		9

086

标杆= 7

1	9	~~6~~	~~2~~	8	~~5~~	7	3	4
8	5	3	9	~~4~~	7	~~1~~	6	2
7	~~2~~	4	3	6	1	8	5	~~9~~
~~4~~	8	2	~~5~~	1	~~9~~	6	7	~~3~~
9	~~6~~	7	4	3	8	2	~~1~~	5
~~5~~	3	1	~~6~~	7	~~2~~	9	4	~~8~~
~~2~~	7	8	1	5	4	3	~~9~~	6
6	4	~~9~~	7	~~2~~	3	5	8	1
3	1	5	~~8~~	9	~~6~~	~~4~~	2	7

084 答案

Time

目标时间	实测时间
8分00秒	分 秒

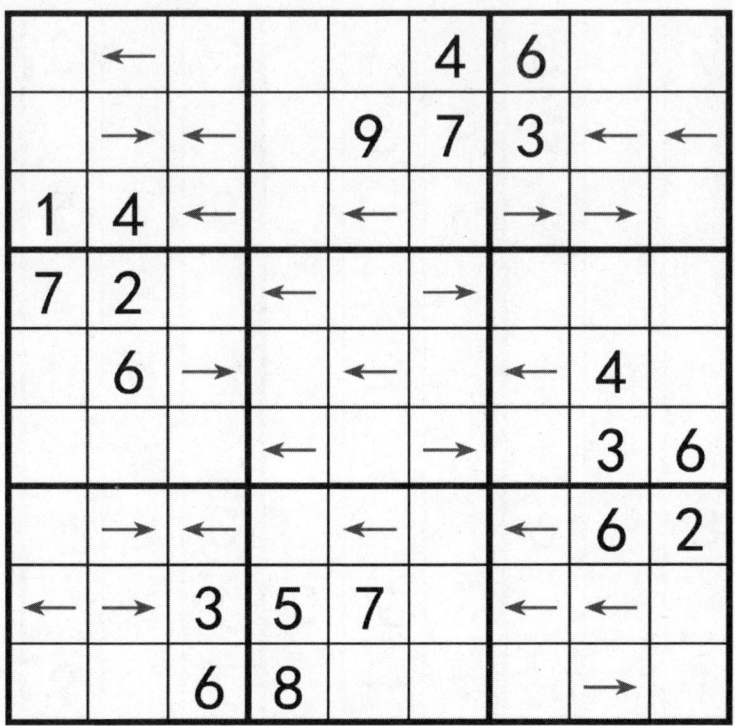

	←				4	6		
	→	←		9	7	3	←	←
1	4	←		←		→	→	
7	2		←		→			
	6	→		←		←	4	
			←		→		3	6
	→	←		←		←	6	2
←	→	3	5	7		←	←	
		6	8				→	

087

Time

目标时间 8分00秒

实测时间 分 秒

标杆= 4

1	~~7~~	~~9~~	2	6	3	5	8	4
8	~~5~~	3	9	4	7	6	~~4~~	~~2~~
4	6	2	~~5~~	8	1	3	7	~~9~~
9	3	5	6	7	8	~~2~~	4	1
6	8	4	1	2	9	7	5	3
7	2	~~4~~	3	5	4	9	6	8
~~5~~	4	7	8	3	~~2~~	1	9	6
~~2~~	~~4~~	8	7	9	6	4	~~3~~	5
3	9	6	4	1	5	~~8~~	~~2~~	7

085 答案

		1	→		2	7	5	
3			←	5	7			
5		←	←			←		8
1	5			6		←	→	←
	9		7		4		3	
→	←	←		1			7	9
4		→			←	→		2
			9	4	←			5
	6	5	1		→	3		

088

标杆= 5

9	7	5	1	~~8~~	4	~~6~~	2	3
6	~~3~~	2	9	5	7	8	~~1~~	4
~~4~~	8	1	6	~~3~~	2	9	7	5
7	5	4	3	6	8	2	9	1
~~3~~	6	~~9~~	5	2	1	~~4~~	8	~~7~~
2	1	8	4	7	9	5	3	6
8	9	6	7	~~1~~	5	3	4	~~2~~
5	~~4~~	7	2	9	3	1	~~6~~	8
1	2	~~3~~	8	~~4~~	6	7	5	9

086 答案

Time

目标时间 10分00秒

实测时间 分 秒

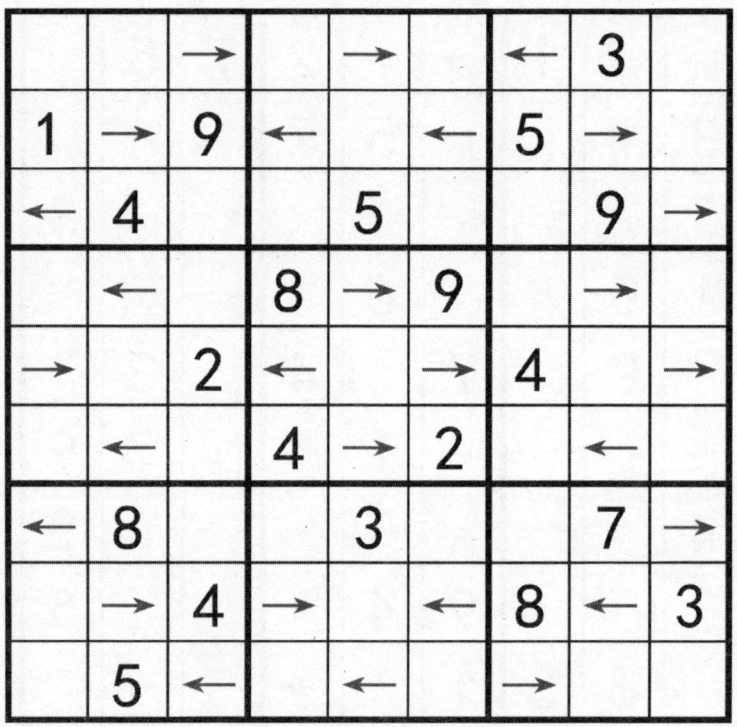

		→		→		←	3	
1	→	9	←		←	5	→	
←	4			5			9	→
	←		8	→	9		→	
→		2	←		→	4		→
	←		4	→	2		←	
←	8			3			7	→
	→	4	→		←	8	←	3
	5	←		←		→		

089

Time

目标时间 10分00秒

实测时间 分 秒

标杆= 6

9	~~3~~	7	2	8	4	6	5	1
6	~~8~~	~~5~~	1	9	7	3	~~2~~	~~4~~
1	4	~~2~~	6	~~3~~	5	~~8~~	~~9~~	7
7	2	4	~~3~~	6	~~9~~	1	8	5
3	6	~~8~~	7	~~5~~	1	~~2~~	4	9
5	1	9	~~4~~	2	~~8~~	7	3	6
8	~~7~~	~~1~~	9	~~4~~	3	~~5~~	6	2
~~2~~	~~9~~	3	5	7	6	~~4~~	~~1~~	8
4	5	6	8	1	2	9	~~7~~	3

087 答案

	1		4			5	→	
←		→	←			←		9
7	←		→	2	→		→	
		←	7		6	←	←	5
		8				6		
6	→	←	2		1	→		
	→		←	9	←		←	8
4		←			→	→		→
	→	1			4		2	

090

标杆= 7

6	4	1	~~8~~	9	2	7	5	3
3	8	9	~~4~~	5	7	1	2	6
5	7	~~2~~	~~6~~	3	1	~~4~~	9	8
1	5	7	3	6	9	~~2~~	~~8~~	~~4~~
2	9	6	7	8	4	5	3	1
~~8~~	~~3~~	~~4~~	2	1	5	6	7	9
4	1	~~8~~	5	7	~~3~~	~~9~~	6	2
7	2	3	9	4	~~6~~	8	1	5
9	6	5	1	2	~~8~~	3	4	7

088 答案

Time

目标时间	实测时间
10分**00**秒	分　秒

		9	7		4	8		
	4	6				1	5	
7	2						3	4
4								5
2								8
8	6						2	1
	7	4				5	8	
		2	8		7	4		

091

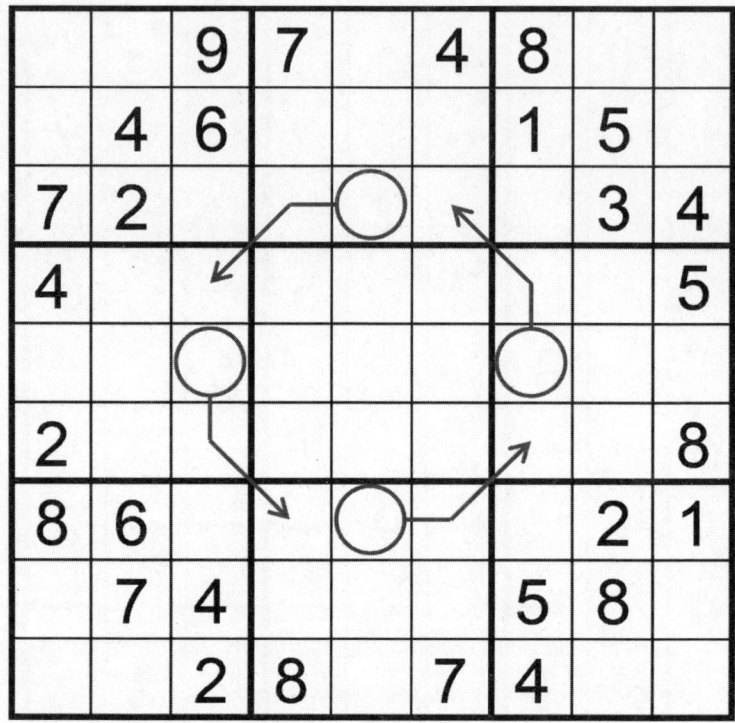

Time

目标时间 5分00秒

实测时间 分 秒

4	7	8	6	5	9	2	1	3
3	1	5	8	7	2	4	6	9
6	2	9	3	4	1	8	5	7
9	3	1	7	2	6	5	4	8
5	8	2	4	9	3	1	7	6
7	6	4	5	1	8	9	3	2
2	9	6	1	3	4	7	8	5
8	4	7	2	6	5	3	9	1
1	5	3	9	8	7	6	2	4

099 答案

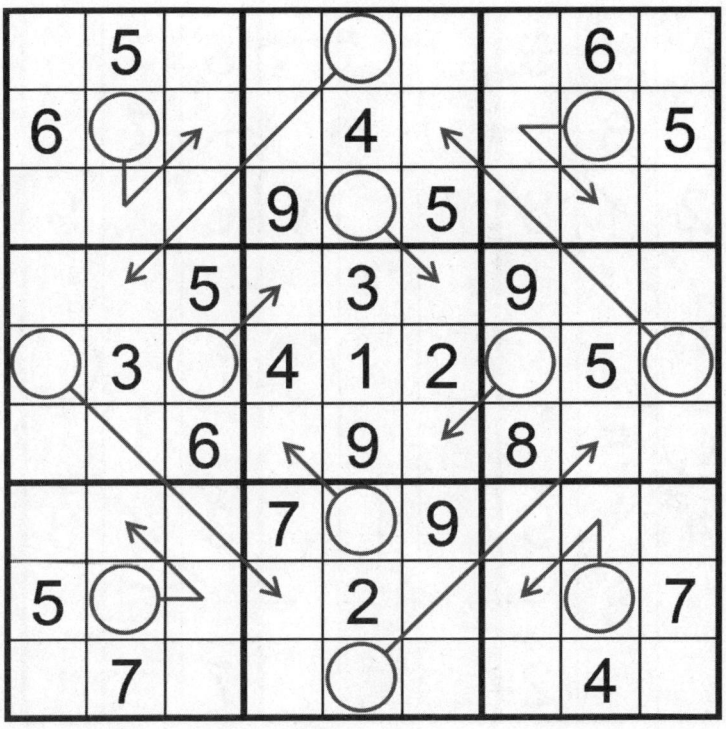

092

4	6	1	8	7	2	5	3	9
2	5	3	6	4	9	7	1	8
7	9	8	3	1	5	2	6	4
6	3	7	5	9	1	4	8	2
5	4	2	7	3	8	1	9	6
8	1	9	2	6	4	3	7	5
1	7	5	9	2	6	8	4	3
9	2	4	1	8	3	6	5	7
3	8	6	4	5	7	9	2	1

100 答案

Time

目标时间 5分00秒

实测时间 分 秒

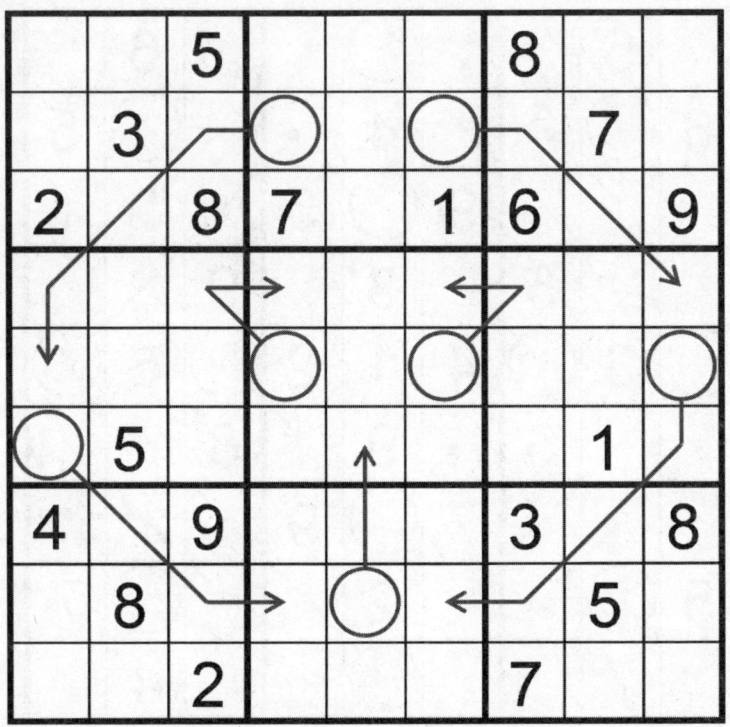

093

Time	
目标时间	实测时间
5分**00**秒	分　秒

5	1	9	7	3	4	8	6	2
3	4	6	9	2	8	1	5	7
7	2	8	5	6	1	9	3	4
4	9	1	3	8	6	2	7	5
6	8	7	2	4	5	3	1	9
2	5	3	1	7	9	6	4	8
8	6	5	4	9	3	7	2	1
9	7	4	6	1	2	5	8	3
1	3	2	8	5	7	4	9	6

091 答案

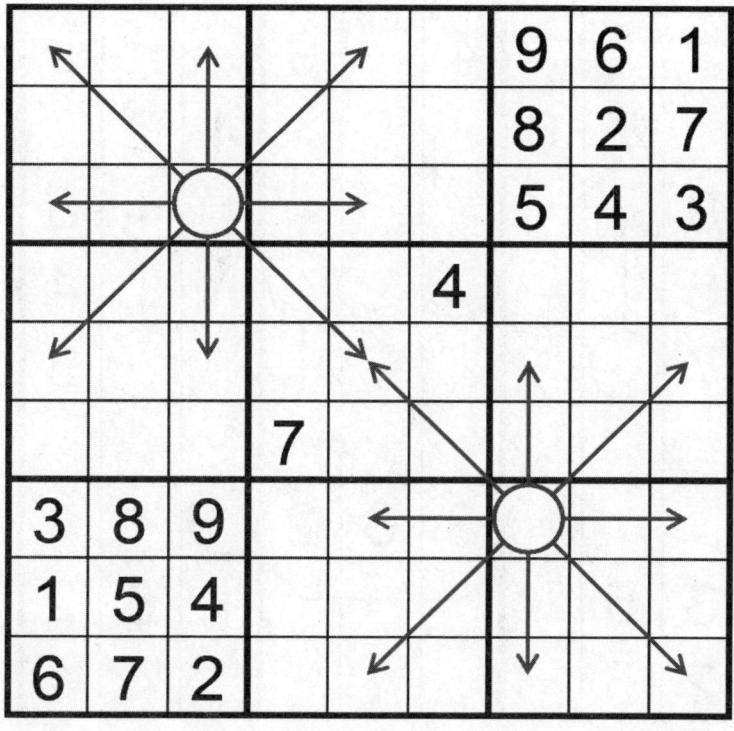

						9	6	1
						8	2	7
						5	4	3
					4			
			7					
3	8	9						
1	5	4						
6	7	2						

094

4	5	9	2	7	8	3	6	1
6	8	7	3	4	1	2	9	5
3	1	2	9	6	5	4	7	8
7	2	5	8	3	6	9	1	4
9	3	8	4	1	2	7	5	6
1	4	6	5	9	7	8	3	2
8	6	4	7	5	9	1	2	3
5	9	3	1	2	4	6	8	7
2	7	1	6	8	3	5	4	9

092 答案

Time

目标时间 8分00秒

实测时间 分 秒

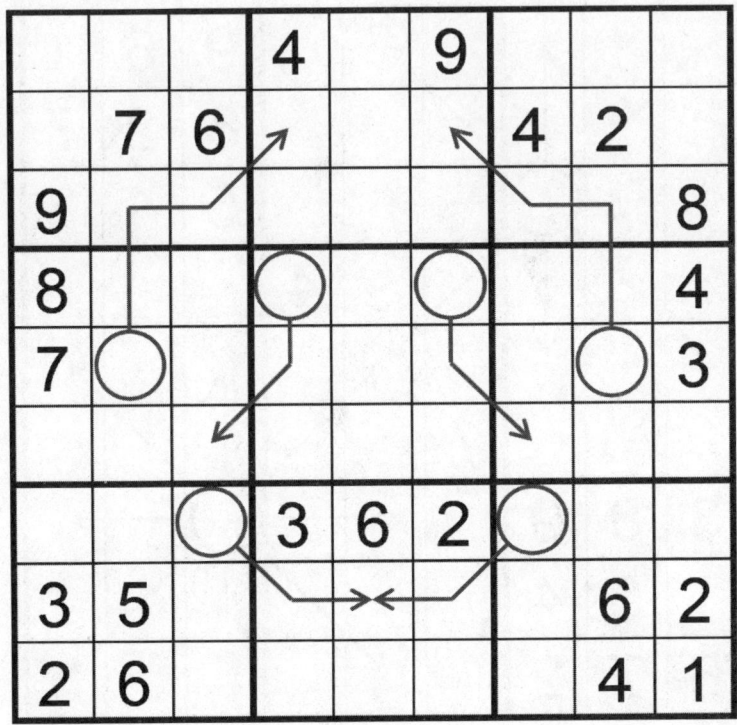

			4		9			
	7	6				4	2	
9								8
8								4
7								3
			3	6	2			
3	5						6	2
2	6						4	1

095

Time

目标时间 8分00秒

实测时间 分 秒

9	7	5	3	2	6	8	4	1
6	3	1	9	4	8	2	7	5
2	4	8	7	5	1	6	3	9
1	9	6	2	7	5	4	8	3
3	2	4	8	1	9	5	6	7
8	5	7	6	3	4	9	1	2
4	1	9	5	6	7	3	2	8
7	8	3	4	9	2	1	5	6
5	6	2	1	8	3	7	9	4

093 答案

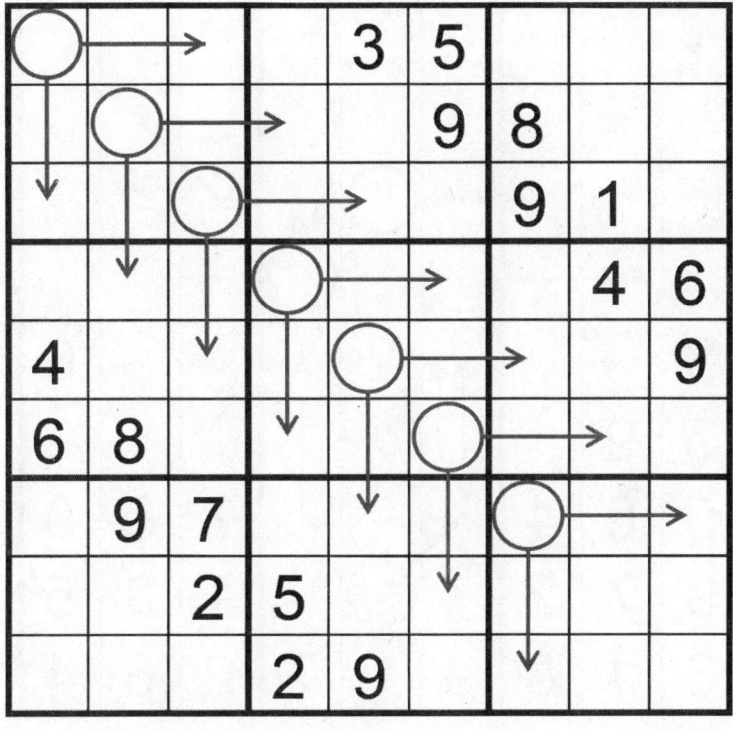

096

2	4	5	8	3	7	9	6	1
9	6	3	5	4	1	8	2	7
7	1	8	2	6	9	5	4	3
8	3	1	6	9	4	2	7	5
5	9	7	1	2	3	4	8	6
4	2	6	7	8	5	3	1	9
3	8	9	4	1	6	7	5	2
1	5	4	9	7	2	6	3	8
6	7	2	3	5	8	1	9	4

094 答案

Time
目标时间　实测时间
8分00秒　　分　秒

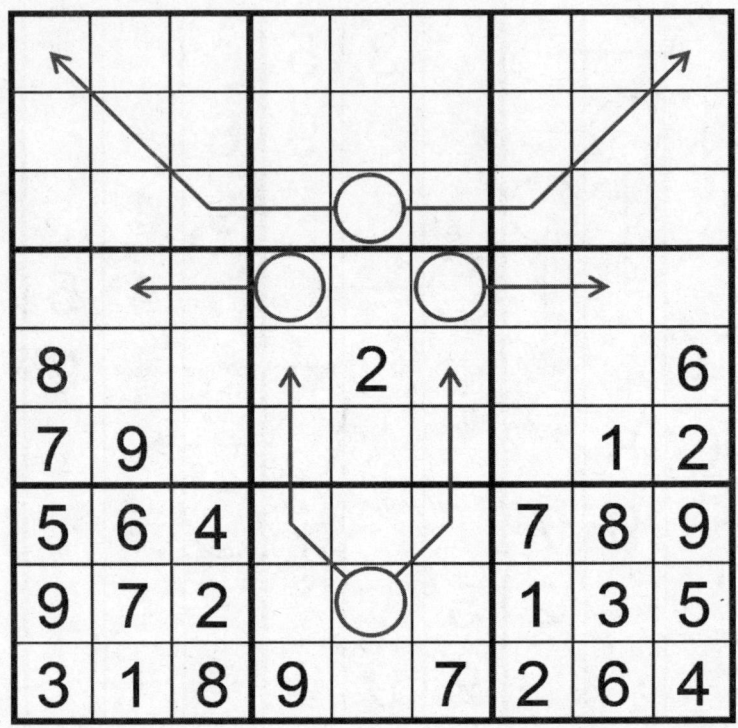

097

Time

目标时间 8分00秒

实测时间 分 秒

1	8	3	4	2	9	7	5	6
5	7	6	1	8	3	4	2	9
9	4	2	5	7	6	1	3	8
8	2	5	6	3	7	9	1	4
7	9	1	2	4	5	6	8	3
6	3	4	8	9	1	2	7	5
4	1	8	3	6	2	5	9	7
3	5	9	7	1	4	8	6	2
2	6	7	9	5	8	3	4	1

095 答案

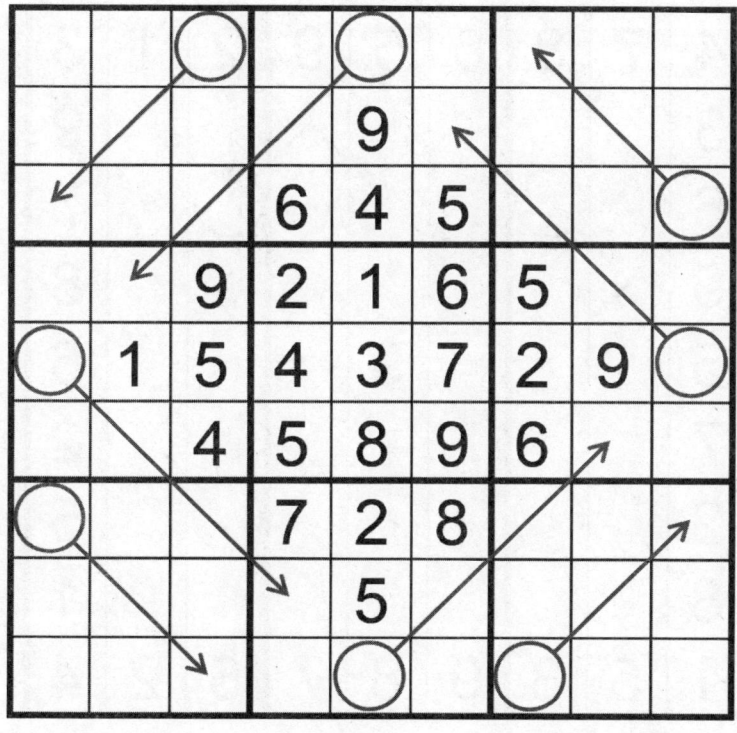

				9				
			6	4	5			
		9	2	1	6	5		
	1	5	4	3	7	2	9	
		4	5	8	9	6		
			7	2	8			
				5				

098

9	1	8	7	3	5	4	6	2
2	5	4	1	6	9	8	3	7
7	3	6	4	2	8	9	1	5
3	2	5	9	8	1	7	4	6
4	7	1	6	5	2	3	8	9
6	8	9	3	4	7	2	5	1
5	9	7	8	1	3	6	2	4
8	6	2	5	7	4	1	9	3
1	4	3	2	9	6	5	7	8

096 答案

Time

目标时间	实测时间
10分00秒	分 秒

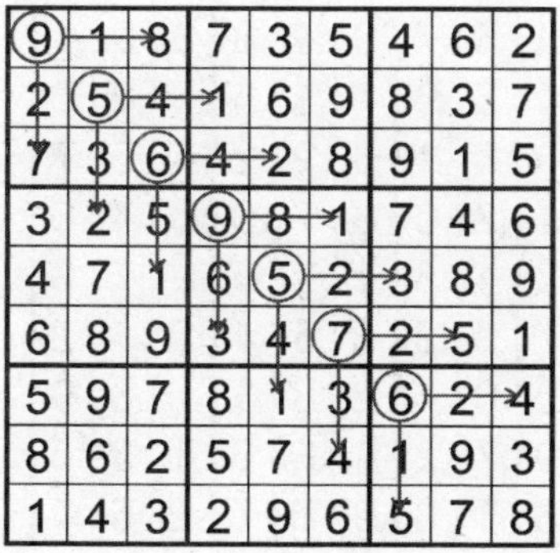

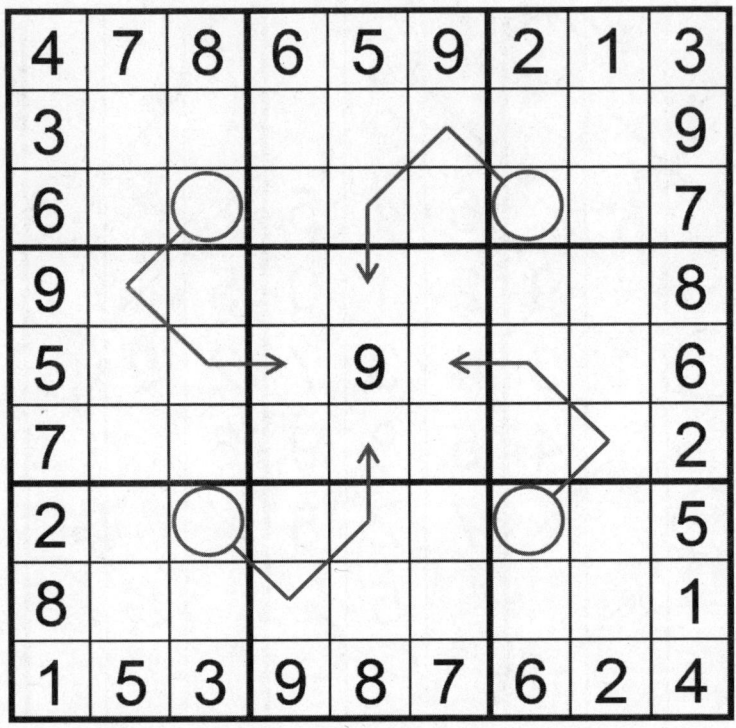

4	7	8	6	5	9	2	1	3
3								9
6								7
9								8
5				9				6
7								2
2								5
8								1
1	5	3	9	8	7	6	2	4

099

Time

目标时间 实测时间

10分00秒 分 秒

2	5	7	6	4	8	3	9	1
4	3	9	7	1	5	6	2	8
6	8	1	3	9	2	4	5	7
1	2	6	8	7	9	5	4	3
8	4	5	1	2	3	9	7	6
7	9	3	5	6	4	8	1	2
5	6	4	2	3	1	7	8	9
9	7	2	4	8	6	1	3	5
3	1	8	9	5	7	2	6	4

097 答案

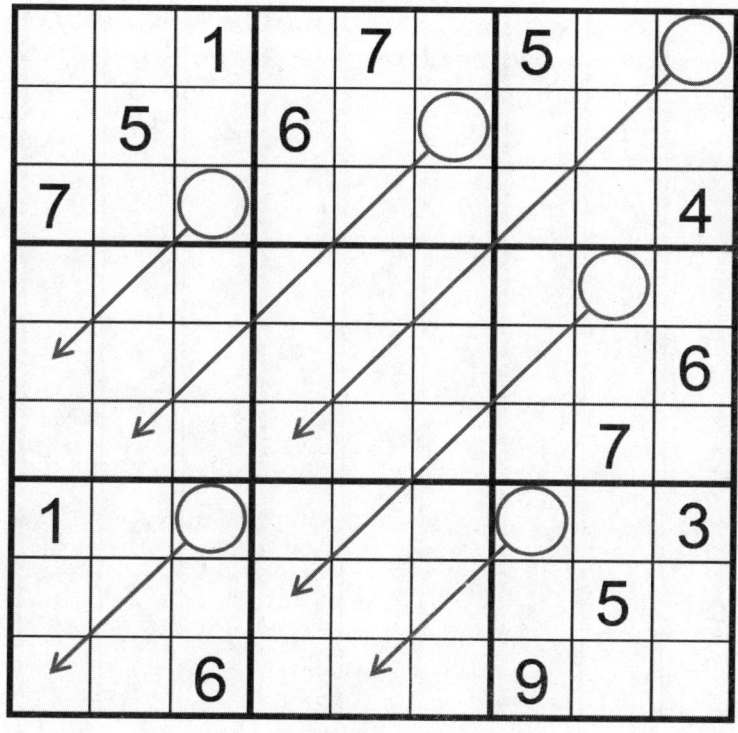

		1		7		5		○
	5		6		○			
7		○						4
							○	
								6
							7	
1		○				○		3
							5	
		6				9		

100

1	9	(6)	8	(7)	2	3	5	4
5	4	7	1	9	3	8	6	2
2	8	3	6	4	5	1	7	(9)
8	3	9	2	1	6	5	4	7
(6)	1	5	4	3	7	2	9	(8)
7	2	4	5	8	9	6	1	3
(9)	6	1	7	2	8	4	3	5
4	7	8	3	5	1	9	2	6
3	5	2	9	(6)	4	(7)	8	1

098 答案

Time

目标时间 实测时间
10分00秒 分 秒

(9)	(3)	(14)	(10)	(5)	(11)	(17)	(9)	(9)
(9)	(3) 1	(14)	(15)	(13)	(7)	(5) 4	(7) 5	(7)
(9)	(9) 6	(10)	(11)	(9)	(6)	(6)	(15)	(11)
(15)	(7)	(12)	(10)	(11) 9	(7)	(7)	(15)	(7)
(11)	(9)	(8)	(13) 5	(14)	(9) 7	(9)	(8)	(4)
(7)	(7)	(10)	(5)	(9) 6	(11)	(17)	(13)	(4)
(6)	(14)	(9)	(5)	(9)	(4)	(13)	(6) 4	(13)
(6)	(15) 7	(11) 3	(10)	(13)	(10)	(9)	(8) 2	(13)
(5)	(10)	(5)	(9)	(11)	(15)	(4)	(4)	(10)

101

Time

目标时间	实测时间
5分**00**秒	分 秒

(10) 6	(7) 5	(8) 3	(12) 8	(6) 4	(6) 2	(9) 7	(16) 9	(9) 1
(10) 4	(9) 2	(14) 9	(12) 5	(10) 7	(8) 1	(9) 6	(7) 3	(11) 8
(9) 1	(15) 7	(17) 8	(14) 6	(10) 3	(16) 9	(11) 5	(9) 4	(10) 2
(15) 8	(11) 3	(5) 2	(6) 4	(12) 5	(16) 7	(12) 9	(10) 1	(7) 6
(13) 7	(7) 6	(6) 4	(5) 1	(17) 9	(11) 8	(11) 3	(7) 2	(11) 5
(10) 9	(10) 1	(6) 5	(9) 2	(14) 6	(7) 3	(11) 8	(13) 7	(7) 4
(14) 5	(10) 9	(10) 1	(16) 7	(10) 8	(7) 4	(6) 2	(14) 6	(10) 3
(5) 3	(7) 4	(13) 6	(12) 9	(11) 2	(6) 5	(5) 1	(13) 8	(10) 7
(5) 2	(10) 8	(10) 7	(12) 3	(4) 1	(11) 6	(10) 4	(13) 5	(14) 9

109 答案

(3)	(8)	(12)	(7)	(7)	(12)	(11)	(11)	(13)
(5)	(12)	(13)	(5) 1	(9)	(13) 8	(17)	(6)	(9)
(12)	(10)	(10)	(6)	(13)	(13)	(4)	(11)	(13)
(9)	(10) 4	(13)	(15) 7	(11)	(5) 3	(5)	(11) 9	(13)
(9)	(16)	(12)	(12)	(12)	(5)	(10)	(9)	(7)
(13)	(5) 3	(11)	(14) 9	(5)	(13) 6	(15)	(15) 8	(12)
(12)	(7)	(6)	(17)	(14)	(10)	(10)	(5)	(7)
(6)	(5)	(5)	(14) 6	(14)	(8) 1	(14)	(12)	(10)
(14)	(17)	(17)	(9)	(5)	(9)	(12)	(9)	(6)

102

(9) 3	(7) 2	(6) 5	(3) 1	(5) 4	(16) 7	(14) 8	(15) 6	(14) 9
(14) 6	(5) 4	(16) 7	(10) 2	(12) 8	(16) 9	(12) 3	(4) 1	(6) 5
(17) 8	(10) 1	(17) 9	(5) 3	(11) 5	(7) 6	(13) 7	(6) 4	(9) 2
(15) 9	(7) 6	(10) 8	(12) 4	(9) 3	(7) 1	(3) 2	(9) 5	(9) 7
(5) 4	(11) 7	(5) 2	(17) 9	(11) 6	(7) 5	(6) 1	(9) 8	(9) 3
(6) 1	(8) 5	(11) 3	(17) 8	(16) 7	(6) 2	(5) 4	(15) 9	(9) 6
(7) 5	(13) 8	(7) 4	(11) 7	(16) 9	(5) 3	(15) 6	(11) 2	(7) 1
(9) 2	(5) 3	(9) 6	(11) 5	(6) 1	(5) 4	(16) 9	(15) 7	(12) 8
(9) 7	(10) 9	(7) 1	(11) 6	(10) 2	(13) 8	(14) 5	(10) 3	(7) 4

110 答案

Time

目标时间 5分00秒

实测时间 分 秒

15	8	4	14	11	13 **4**	6	7	10
12	17	10	7	11	9	8	12	9
5	8	3 **2**	11	5	8	16 **9**	15	17
5 **1**	9	9	9	11	8	8	12	17
8	17	16	8	7	10	13	9	9
8	10	9	8	17	12	3	5	4 **3**
16	11	13 **8**	5	5	11	6 **5**	8	8
8	7	9	12	4	13	12	12	16
8	4	5	16 **9**	16	13	14	15	9

103

Time

目标时间 **5**分**00**秒

实测时间 分 秒

9 **7**	3 **2**	14 **5**	10 **4**	5 **1**	11 **8**	17 **9**	9 **3**	9 **6**
9 **8**	3 **1**	14 **9**	15 **6**	13 **7**	7 **3**	5 **4**	7 **5**	7 **2**
9 **3**	9 **6**	10 **4**	11 **9**	9 **2**	6 **5**	6 **1**	15 **8**	11 **7**
15 **6**	7 **3**	12 **8**	10 **1**	11 **9**	7 **2**	7 **5**	15 **7**	7 **4**
11 **9**	9 **4**	8 **1**	13 **5**	14 **8**	9 **7**	9 **2**	8 **6**	4 **3**
7 **2**	7 **5**	10 **7**	5 **3**	9 **6**	11 **4**	17 **8**	13 **9**	4 **1**
6 **5**	14 **9**	9 **6**	5 **2**	9 **3**	4 **1**	13 **7**	6 **4**	13 **8**
6 **1**	15 **7**	11 **3**	10 **8**	13 **4**	10 **9**	9 **6**	8 **2**	13 **5**
5 **4**	10 **8**	5 **2**	9 **7**	11 **5**	15 **6**	4 **3**	4 **1**	10 **9**

101 答案

10	8	13	9	13 4	12	4	3	9
11	10 4	15	9	7	6	7	3 2	15
4	5	6	7	10	9	14	13	10
16	10	6	12	4 1	11	13	14	15
14 5	10	7	15 8	15	6 2	12	12	10 9
11	14	13	8	11 9	7	6	5	4
13	13	14	8	8	11	13	7	4
7	13 9	7	4	12	13	9	14 8	10
7	5	7	17	13 8	11	8	11	11

104

3 2	8 1	12 8	7 4	7 3	12 9	11 5	11 6	13 7
5 3	12 7	13 5	5 1	9 6	13 8	17 9	6 4	9 2
12 9	10 6	10 4	6 2	13 7	13 5	4 1	11 3	13 8
9 1	10 4	13 6	15 7	11 8	5 3	5 2	11 9	13 5
9 8	16 9	12 7	12 5	12 4	5 2	10 3	9 1	7 6
13 5	5 3	11 2	14 9	5 1	13 6	15 7	15 8	12 4
12 7	7 5	6 1	17 8	14 9	10 4	10 6	5 2	7 3
6 4	5 2	5 3	14 6	14 5	8 1	14 8	12 7	10 9
14 6	17 8	17 9	9 3	5 2	9 7	12 4	9 5	6 1

102 答案

Time

目标时间	实测时间
8分00秒	分 秒

6	6	8	12	9	15	8	7	11
8	11	17	13	4 / 1	7 / 6	12	8	8
13	15	14	11	8 / 3	8	15	8	8
10	5 / 1	13	9	16	14	13	10	3
13	12 / 3	15 / 9	15	8	17	10 / 1	5 / 4	9
13	15	3	7	9	13	12	7 / 3	13
10	12	9	9	16 / 9	4	12	15	12
5	11	8	3 / 2	15 / 6	8	12	13	13
12	14	8	10	7	5	3	3	9

105

Time

目标时间 8分00秒

实测时间 分 秒

15 / 7	8 / 5	4 / 3	14 / 8	11 / 9	13 / 4	6 / 2	7 / 1	10 / 6
12 / 8	17 / 9	10 / 1	7 / 6	11 / 2	9 / 7	8 / 3	12 / 5	9 / 4
5 / 4	8 / 6	3 / 2	11 / 5	5 / 3	8 / 1	16 / 9	15 / 7	17 / 8
5 / 1	9 / 3	9 / 7	9 / 4	11 / 5	8 / 2	8 / 6	12 / 8	17 / 9
8 / 2	17 / 8	16 / 9	8 / 1	7 / 6	10 / 3	13 / 7	9 / 4	9 / 5
8 / 6	10 / 4	9 / 5	8 / 7	17 / 8	12 / 9	3 / 1	5 / 2	4 / 3
16 / 9	11 / 7	13 / 8	5 / 2	5 / 4	11 / 6	6 / 5	8 / 3	8 / 1
8 / 5	7 / 2	9 / 6	12 / 3	4 / 1	13 / 8	12 / 4	12 / 9	16 / 7
8 / 3	4 / 1	5 / 4	16 / 9	16 / 7	13 / 5	14 / 8	15 / 6	9 / 2

103 答案

10	13	7	9	10	10	5	7 / 5	14
13 / 8	15	9	3	14 / 9	12	4	9	10
8	12	11	11 / 2	10	12	5	15	12
10	17	9	11	11	10	7 / 6	3	10
4	17 / 8	13	15	5	10	11	9 / 1	12
15	8	13 / 7	16	10	7	12	12	7
16	10	13	16	6	4 / 1	11	11	5
8	8	9	7	11 / 2	11	13	10	8 / 6
9	6 / 5	8	7	10	15	13	10	7

106

10 / 2	8 / 6	13 / 7	9 / 5	13 / 4	12 / 9	4 / 3	3 / 1	9 / 8
11 / 8	10 / 4	15 / 9	9 / 6	7 / 3	6 / 1	7 / 5	3 / 2	15 / 7
4 / 3	5 / 1	6 / 5	7 / 2	10 / 7	9 / 8	14 / 6	13 / 9	10 / 4
16 / 9	10 / 7	6 / 2	12 / 4	4 / 1	11 / 3	13 / 8	14 / 5	15 / 6
14 / 5	10 / 3	7 / 1	15 / 8	15 / 6	6 / 2	12 / 4	12 / 7	10 / 9
11 / 4	14 / 8	13 / 6	8 / 7	11 / 9	7 / 5	6 / 2	5 / 3	4 / 1
13 / 7	13 / 5	14 / 8	8 / 1	8 / 2	11 / 6	13 / 9	7 / 4	4 / 3
7 / 6	13 / 9	7 / 4	4 / 3	12 / 5	13 / 7	9 / 1	14 / 8	10 / 2
7 / 1	5 / 2	7 / 3	17 / 9	13 / 8	11 / 4	8 / 7	11 / 6	11 / 5

104 答案

Time

目标时间 8分00秒

实测时间 分 秒

9	9	11	11	10	13	10	6	11
6	10	14	14	4	7 (1)	13	9	15
9	10	16	11	12 (8)	12	15	9	13
11	6 (2)	7	14 (9)	12	10 (7)	11	9	9
10	4	7 (1)	10	10	15	14 (5)	11	11
12	17	11	9 (1)	5	10 (3)	12	10 (6)	6
10	10	11	11	9 (1)	8	10	6	10
10	6	9	15 (7)	10	14	11	7	15
7	14	12	12	13	11	9	6	12

107

Time

目标时间 **8分00秒**

实测时间 分 秒

6 (1)	6 (5)	8 (3)	12 (4)	9 (8)	15 (7)	8 (6)	7 (2)	11 (9)
8 (7)	11 (2)	17 (8)	13 (9)	4 (1)	7 (6)	12 (4)	8 (5)	8 (3)
13 (4)	15 (9)	14 (6)	11 (5)	8 (3)	8 (2)	15 (8)	8 (7)	8 (1)
10 (6)	5 (1)	13 (4)	9 (3)	16 (7)	14 (9)	13 (5)	10 (8)	3 (2)
13 (5)	12 (3)	15 (9)	15 (6)	8 (2)	17 (8)	10 (1)	5 (4)	9 (7)
13 (8)	15 (7)	3 (2)	7 (1)	9 (5)	13 (4)	12 (9)	7 (3)	13 (6)
10 (2)	12 (4)	9 (5)	9 (7)	16 (9)	4 (1)	12 (3)	15 (6)	12 (8)
5 (3)	11 (8)	8 (1)	3 (2)	15 (6)	8 (5)	12 (7)	13 (9)	13 (4)
12 (9)	14 (6)	8 (7)	10 (8)	7 (4)	5 (3)	3 (2)	3 (1)	9 (5)

105 答案

7	4	8 **1**	7	7	10 **2**	10	15	16
14	12	8	7	9	6	8	9	8
10	14	9	12	13	16	5	6	6 **5**
10 **2**	8	11	12	15	7	7	8	9
10	4	4	9	7	15	8	7	17
10	5	7	10	5	15	9	16	16 **9**
13 **7**	9	9	9	4	13	10	7	9
11	10	13	11	8	8	14	12	7
6	11	10	13 **4**	12	12	15 **7**	10	3

108

10 **4**	13 **6**	7 **1**	9 **8**	10 **3**	10 **7**	5 **2**	7 **5**	14 **9**
13 **8**	15 **7**	9 **2**	3 **1**	14 **9**	12 **5**	4 **3**	9 **6**	10 **4**
8 **5**	12 **3**	11 **9**	11 **2**	10 **6**	12 **4**	5 **1**	15 **7**	12 **8**
10 **1**	17 **9**	9 **4**	11 **5**	11 **7**	10 **8**	7 **6**	3 **2**	10 **3**
4 **3**	17 **8**	13 **5**	15 **6**	5 **4**	10 **2**	11 **9**	9 **1**	12 **7**
15 **6**	8 **2**	13 **7**	16 **9**	10 **1**	7 **3**	12 **4**	12 **8**	7 **5**
16 **9**	10 **4**	13 **6**	16 **7**	6 **5**	4 **1**	11 **8**	11 **3**	5 **2**
8 **7**	8 **1**	9 **8**	7 **3**	11 **2**	11 **9**	13 **5**	10 **4**	8 **6**
9 **2**	6 **5**	8 **3**	7 **4**	10 **8**	15 **6**	13 **7**	10 **9**	7 **1**

106 答案

Time

目标时间 **10**分**00**秒

实测时间 分 秒

10	7	8	12	6	6	9	16	9
10	9	14	12 5	10	8	9	7	11
9	15	17	14	10	16 9	11	9	10
15	11	5 2	6	12	16	12	10 1	7
13	7	6	5	17	11	11	7	11
10	10 1	6	9	14	7	11 8	13	7
14	10	10	16 7	10	7	6	14	10
5	7	13	12	11	6 5	5	13	10
5	10	10	12	4	11	10	13	14

109

Time

目标时间 **10**分**00**秒

实测时间 分 秒

9 8	9 1	11 5	11 6	10 7	13 9	10 4	6 2	11 3
6 2	10 4	14 9	14 5	4 3	7 1	13 6	9 7	15 8
9 3	10 6	16 7	11 2	12 8	12 4	15 9	9 1	13 5
11 4	6 2	7 6	14 9	12 5	10 7	11 3	9 8	9 1
10 7	4 3	7 1	10 4	10 6	15 8	14 5	11 9	11 2
12 5	17 9	11 8	9 1	5 2	10 3	12 7	10 6	6 4
10 9	10 7	11 3	11 8	9 1	8 5	10 2	6 4	10 6
10 1	6 5	9 2	15 7	10 4	14 6	11 8	7 3	15 9
7 6	14 8	12 4	12 3	13 9	11 2	9 1	6 5	12 7

107 答案

9	7	6	3	5	16	14	15	14
14	5	16	10	12	16	12	4	6
17	10	17	5	11	7	13	6	9
15	7	10	12	9	7	3	9	9
5	11	5	17	11	7	6	9	9
6	8	11	17	16	6	5	15	9
7	13	7	11	16	5	15	11	7
9	5	9	11	6	5	16	15	12
9	10	7	11	10	13	14	10	7

110

(7) 4	(4) 3	(8) 1	(7) 6	(7) 5	(10) 2	(10) 8	(15) 9	(16) 7
(14) 5	(12) 9	(8) 7	(7) 1	(9) 8	(6) 4	(8) 2	(9) 6	(8) 3
(10) 8	(14) 6	(9) 2	(12) 3	(13) 7	(16) 9	(5) 4	(6) 1	(6) 5
(10) 2	(8) 7	(11) 8	(12) 9	(15) 6	(7) 1	(7) 3	(8) 5	(9) 4
(10) 9	(4) 1	(4) 3	(9) 5	(7) 4	(15) 7	(8) 6	(7) 2	(17) 8
(10) 6	(5) 4	(7) 5	(10) 2	(5) 3	(15) 8	(9) 1	(16) 7	(16) 9
(13) 7	(9) 2	(9) 4	(9) 8	(4) 1	(13) 5	(10) 9	(7) 3	(9) 6
(11) 3	(10) 8	(13) 9	(11) 7	(8) 2	(8) 6	(14) 5	(12) 4	(7) 1
(6) 1	(11) 5	(10) 6	(13) 4	(12) 9	(12) 3	(15) 7	(10) 8	(3) 2

108 答案

Time

目标时间	实测时间
10分00秒	分 秒

111

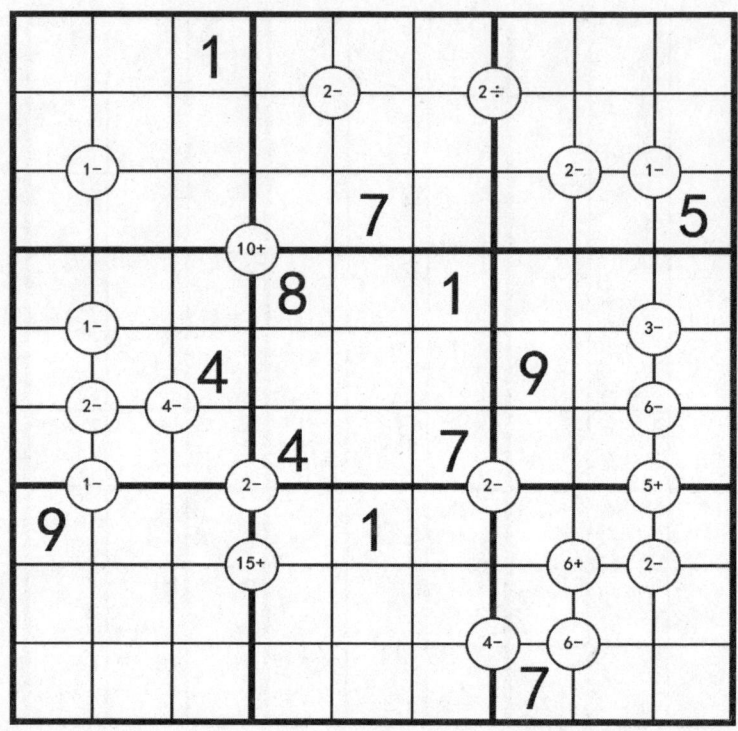

Time

目标时间 **5分00秒**

实测时间 分 秒

9	8	2	5	3	4	1	6	7
3	4	1	9	7	6	5	8	2
6	5	7	2	1	8	3	9	4
1	7	4	8	9	3	6	2	5
8	2	9	7	6	5	4	3	1
5	3	6	1	4	2	8	7	9
4	6	5	3	2	7	9	1	8
7	9	3	4	8	1	2	5	6
2	1	8	6	5	9	7	4	3

119 答案

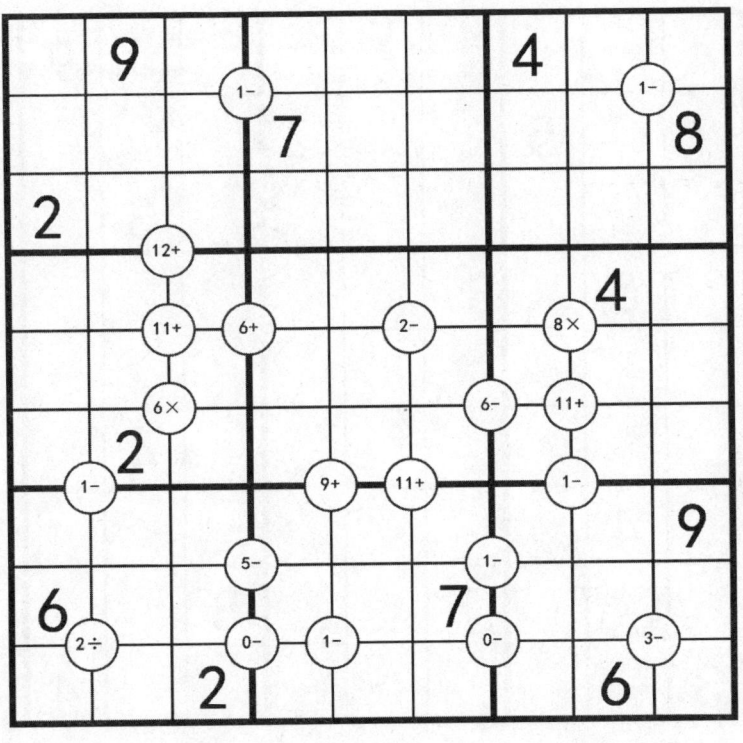

112

1	6	8	7	3	2	4	5	9
5	2	4	9	1	8	7	3	6
3	7	9	4	6	5	2	8	1
8	3	1	6	4	7	9	2	5
7	4	2	3	5	9	6	1	8
6	9	5	2	8	1	3	4	7
9	8	3	5	2	6	1	7	4
4	5	6	1	7	3	8	9	2
2	1	7	8	9	4	5	6	3

120 答案

Time

目标时间 **5分00秒**

实测时间 分 秒

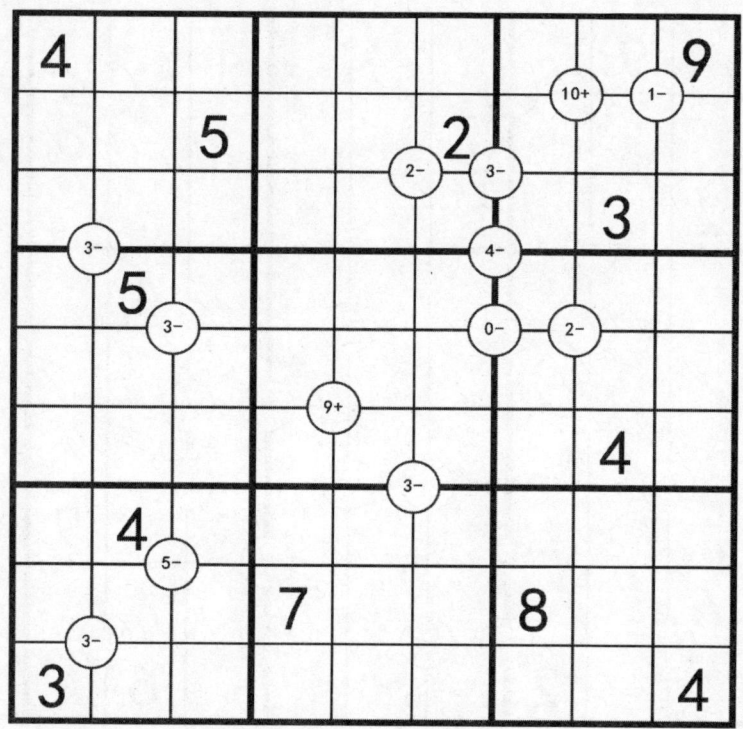

113

Time
目标时间　实测时间
5分00秒　　分　秒

111 答案

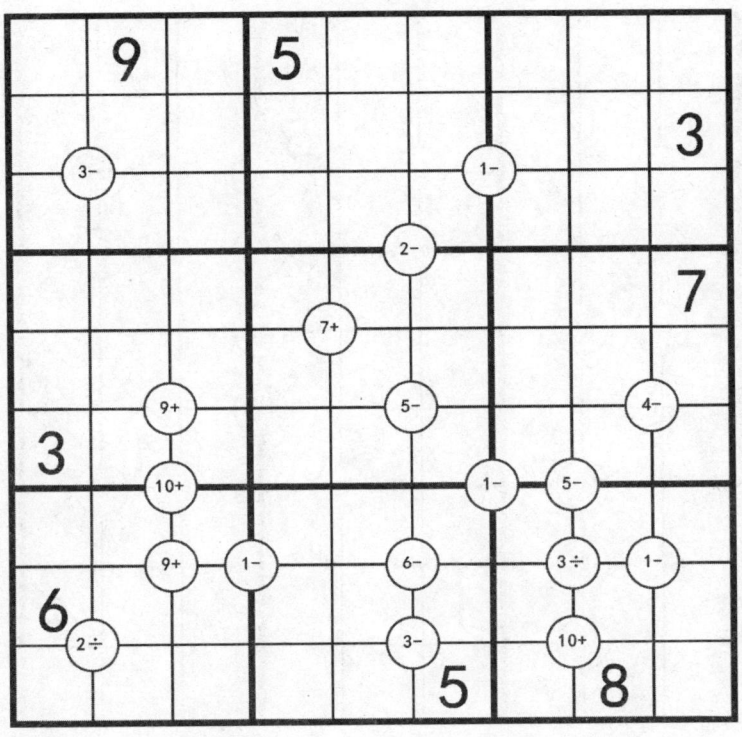

114

3	9	8	5	6	1	4	7	2
5	1	6	7	2	4	9	3	8
2	7	4	8	9	3	6	5	1
9	8	5	3	7	2	1	4	6
7	6	3	1	4	9	2	8	5
4	2	1	6	5	8	3	9	7
1	5	7	4	3	6	8	2	9
6	4	9	2	8	7	5	1	3
8	3	2	9	1	5	7	6	4

112 答案

Time

目标时间 **8分00秒**

实测时间 分 秒

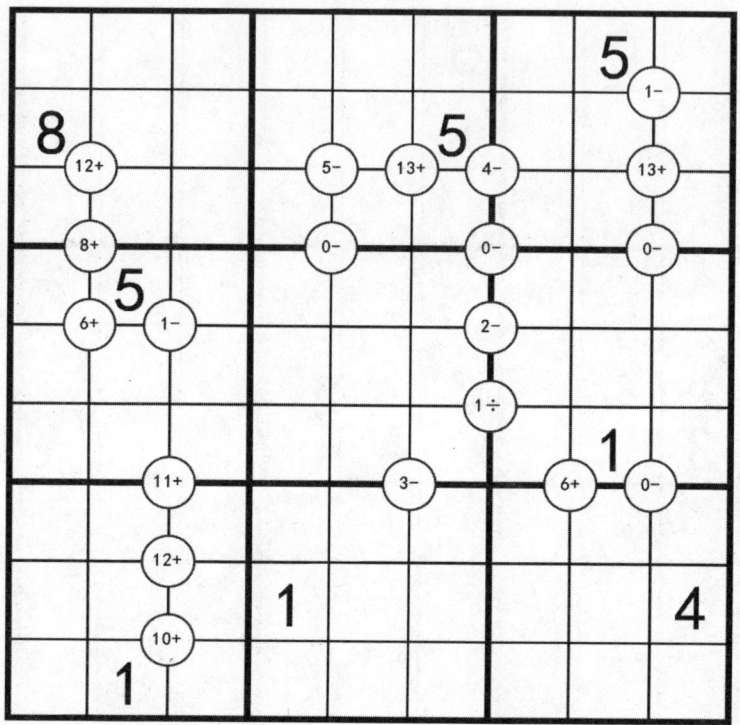

115

Time

目标时间 8分00秒

实测时间 分 秒

4	8	7	3	1	5	2	6	9
1	3	5	6	9	2	4	8	7
2	9	6	8	4	7	5	3	1
6	5	4	1	8	9	3	7	2
8	1	2	4	7	3	9	5	6
9	7	3	2	5	6	1	4	8
7	4	1	9	3	8	6	2	5
5	6	9	7	2	4	8	1	3
3	2	8	5	6	1	7	9	4

113 答案

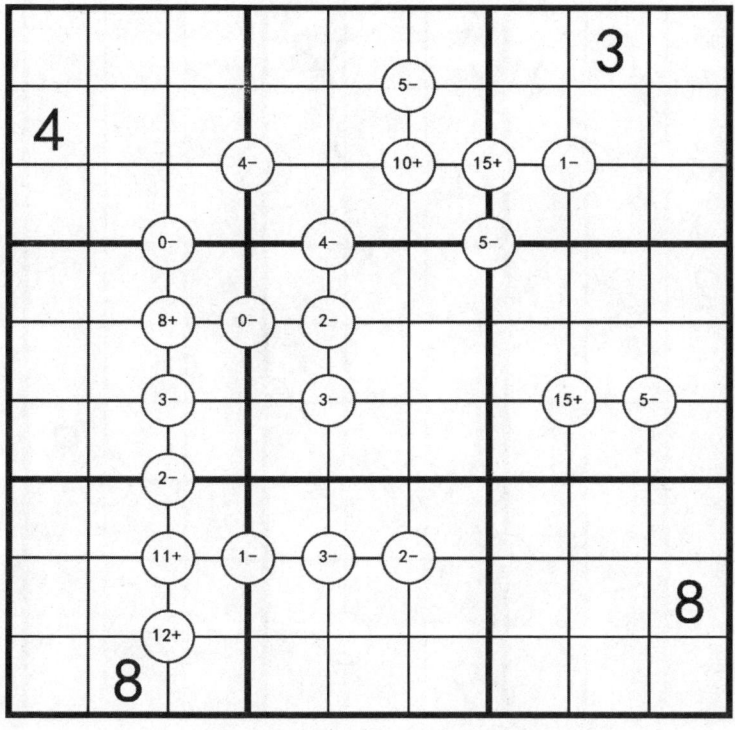

116

1	9	3	5	2	4	8	7	6
5	7	2	8	9	6	4	1	3
4	8	6	1	7	3	5	9	2
8	6	1	4	5	9	3	2	7
9	4	7	2	3	1	6	5	8
3	2	5	7	6	8	1	4	9
7	5	8	3	1	2	9	6	4
6	1	4	9	8	7	2	3	5
2	3	9	6	4	5	7	8	1

114 答案

Time

目标时间 8分00秒

实测时间 分 秒

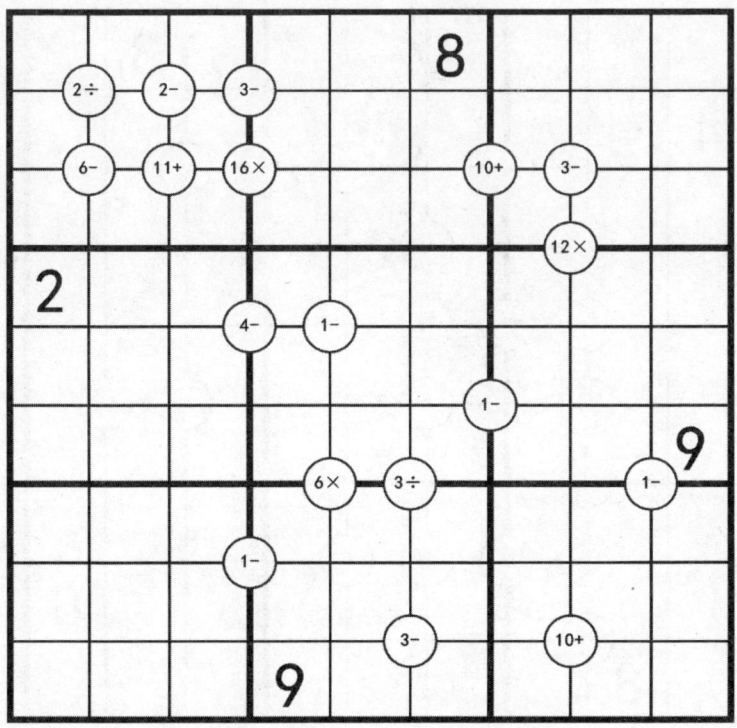

117

Time

目标时间 **8分00秒**

实测时间 分 秒

2	6	7	4	1	9	8	5	3
8	9	1	3	7	5	2	4	6
3	4	5	2	8	6	1	7	9
4	5	3	8	2	1	6	9	7
1	2	6	7	9	4	3	8	5
9	7	8	6	5	3	4	1	2
7	3	4	9	6	8	5	2	1
5	8	9	1	3	2	7	6	4
6	1	2	5	4	7	9	3	8

115 答案

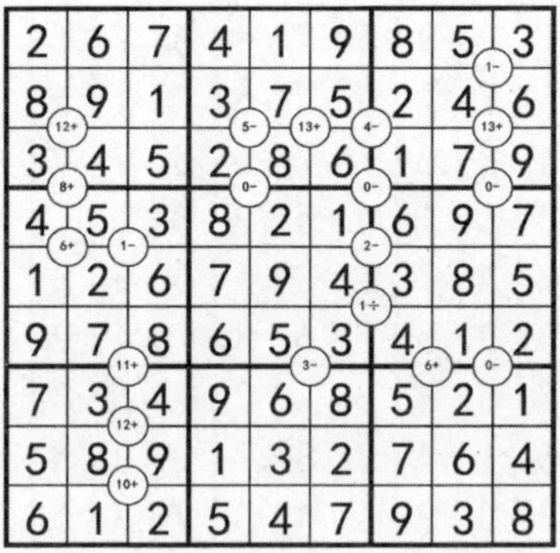

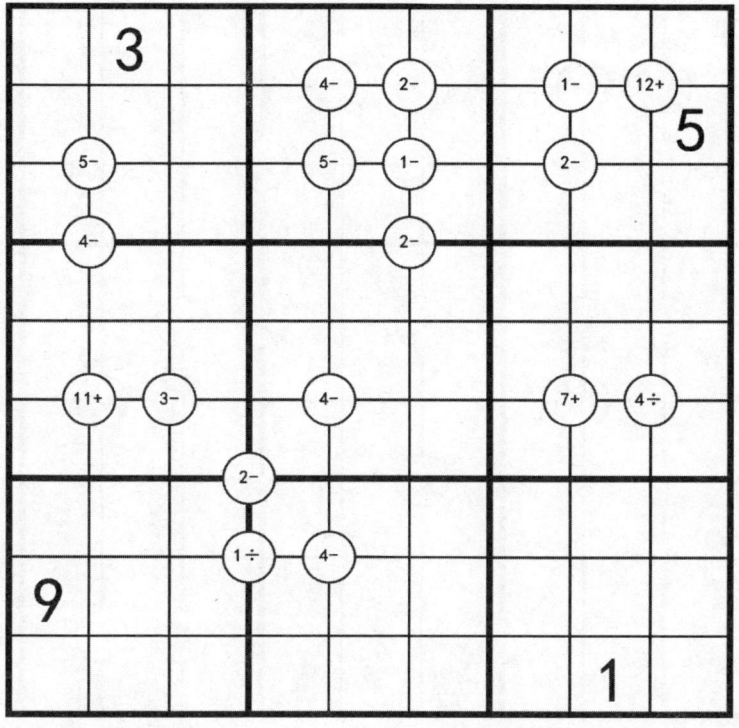

118

7	5	9	8	2	6	1	3	4
4	3	8	5	1	7	6	9	2
2	6	1	4	3	9	8	5	7
9	1	6	7	8	3	4	2	5
3	2	7	6	5	4	9	8	1
8	4	5	2	9	1	7	6	3
6	7	2	3	4	8	5	1	9
5	9	4	1	6	2	3	7	8
1	8	3	9	7	5	2	4	6

116 答案

Time

目标时间	实测时间
10分00秒	分 秒

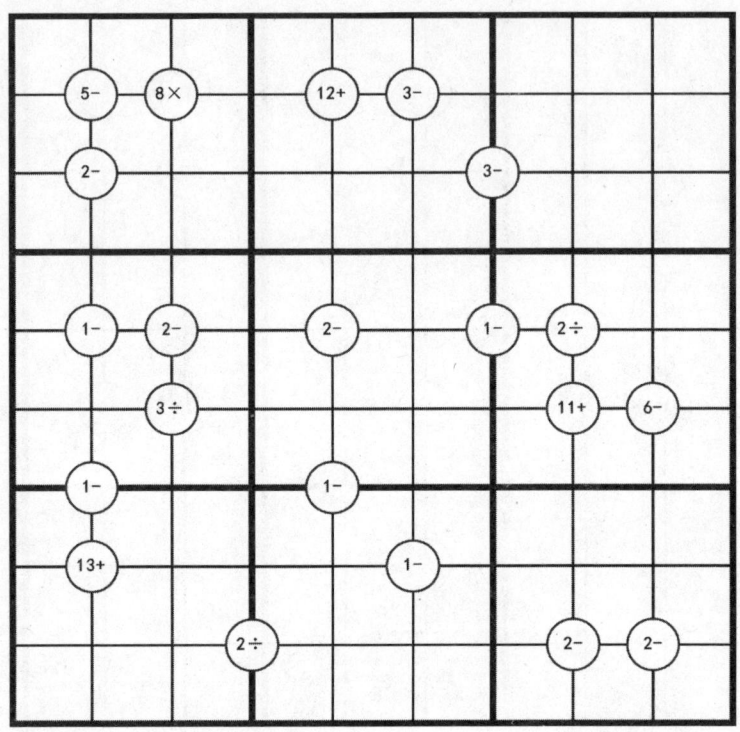

119

Time

目标时间 10分00秒

实测时间 分 秒

6	2	5	1	3	8	9	7	4
1	3	4	2	9	7	5	6	8
9	7	8	4	6	5	3	2	1
2	9	3	5	8	1	6	4	7
8	6	1	7	4	9	2	5	3
5	4	7	6	2	3	8	1	9
7	5	9	3	1	6	4	8	2
3	1	2	8	5	4	7	9	6
4	8	6	9	7	2	1	3	5

117 答案

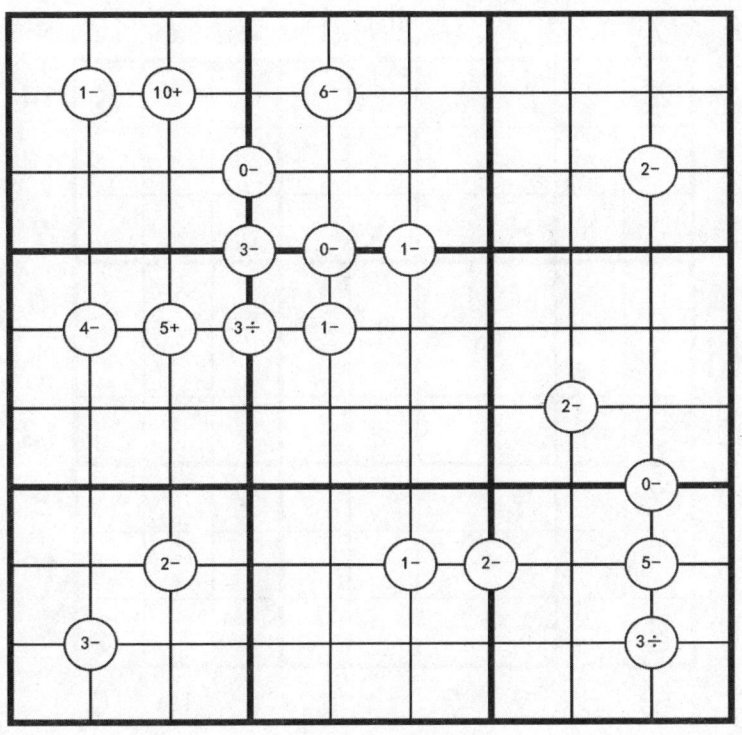

120

1	3	6	8	5	2	4	7	9
2	9	8	1	4	7	6	3	5
4	7	5	9	6	3	1	8	2
3	8	2	5	1	4	9	6	7
7	6	1	3	2	9	5	4	8
5	4	9	6	7	8	3	2	1
6	1	4	7	8	5	2	9	3
9	2	7	4	3	1	8	5	6
8	5	3	2	9	6	7	1	4

118 答案

Time

目标时间 **10**分**00**秒

实测时间 分 秒

	7	15	5	9	11	16	8	2	12	
9	4								8	14
7										14
11			8				5			9
10										6
10										2
2										13
9			1				2			8
8										10
17	8								3	9
	13	5	9	2	14	11	15	10	10	

121

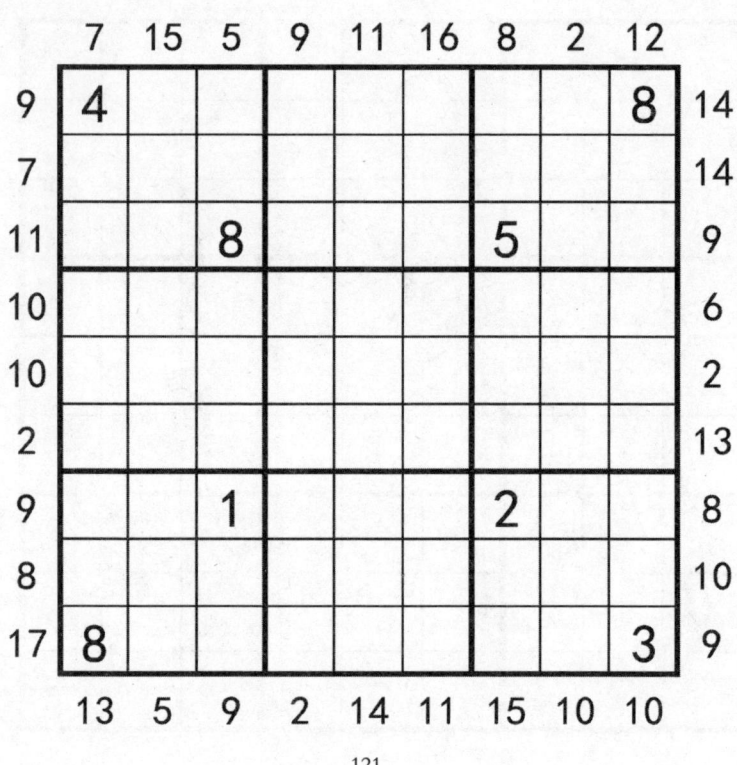

Time

目标时间 **5分00秒**

实测时间 分 秒

	10	13	8	11	2	12	13	15	13	
5	3	4	2	6	1	9	5	8	7	9
13	9	5	6	3	7	8	1	2	4	12
13	7	8	1	4	5	2	6	9	3	9
12	4	9	7	8	2	1	3	6	5	7
13	6	3	5	9	4	7	8	1	2	3
2	1	2	8	5	3	6	7	4	9	10
13	5	7	9	1	8	4	2	3	6	7
15	8	6	3	2	9	5	4	7	1	2
3	2	1	4	7	6	3	9	5	8	9
	10	2	12	11	8	7	14	6	12	

129 答案

	7	6	2	6	12	9	9	9	15	
13										14
11										12
11				9						10
16							5			11
5										2
2			5							10
11						9				11
9										10
7										9
	5	8	8	11	2	13	10	16	13	

122

	15	10	8	7	13	11		12	17	
8	6	4	5	3	7	2	1	8	9	15
10	3	1	7	6	8	9	4	5	2	7
15	8	9	2	4	5	1	3	7	6	10
	2	6	1	7	3	4	8	9	5	8
9	7	8	3	5	9	6	2	1	4	10
12	9	5	4	1	2	8	7	6	3	10
13	4	3	8	9	6	7	5	2	1	
6	5	2	6	8	1	3	9	4	7	
	1	7	9	2	4	5	6	3	8	15
		16	14		6		14	5		

130 答案

Time

目标时间 5分00秒

实测时间 分 秒

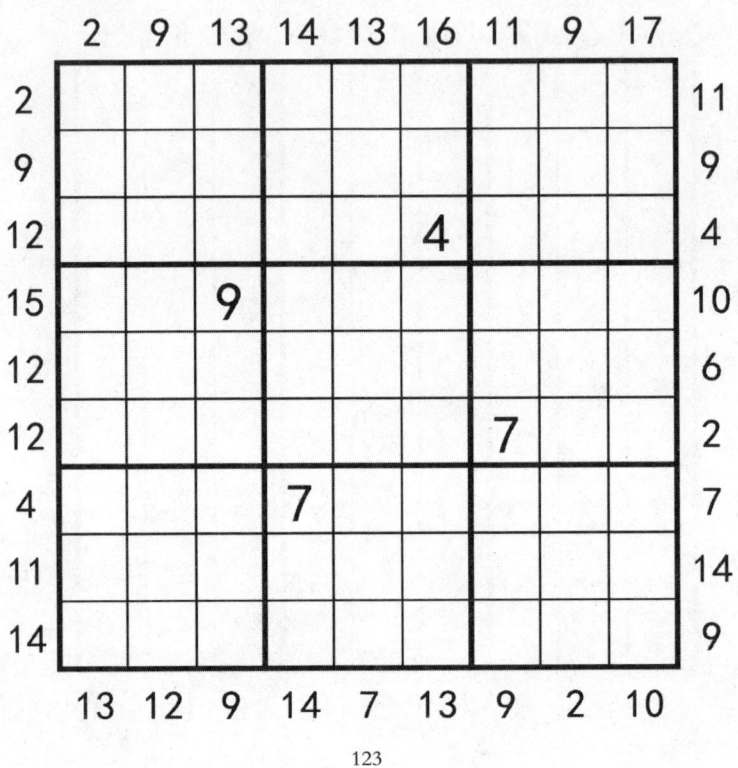

	2	9	13	14	13	16	11	9	17	
2										11
9										9
12						4				4
15			9							10
12										6
12							7			2
4				7						7
11										14
14										9
	13	12	9	14	7	13	9	2	10	

123

Time

目标时间 5分00秒

实测时间 分 秒

	7	15	5	9	11	16	8	2	12	
9	4	6	2	5	7	9	3	1	8	14
7	5	7	3	8	2	1	4	6	9	14
11	9	1	8	3	6	4	5	7	2	9
10	3	4	7	6	1	8	9	2	5	6
10	2	8	6	4	9	5	7	3	1	2
2	1	9	5	7	3	2	8	4	6	13
9	6	5	1	9	4	3	2	8	7	8
8	7	3	9	2	8	6	1	5	4	10
17	8	2	4	1	5	7	6	9	3	9
	13	5	9	2	14	11	15	10	10	

121 答案

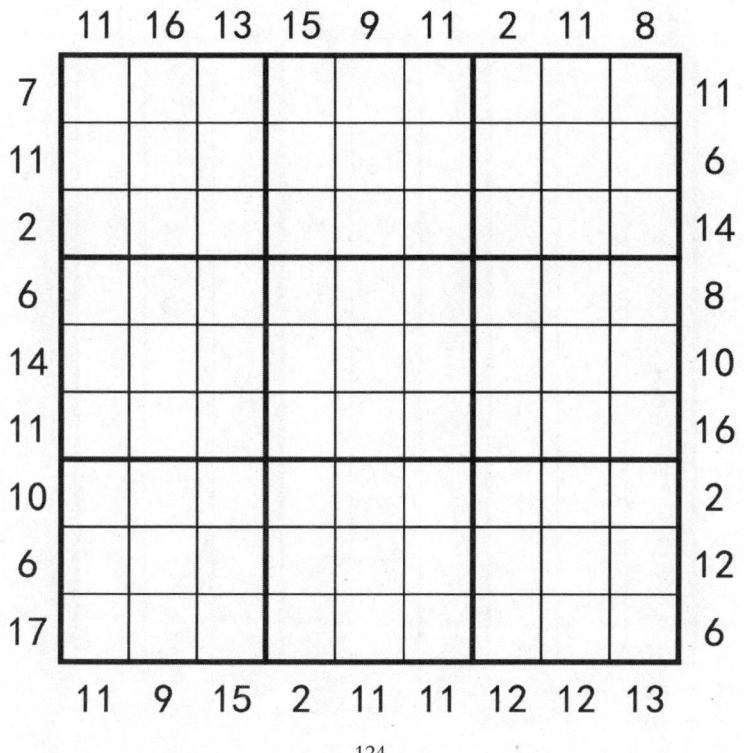

	11	16	13	15	9	11	2	11	8	
7										11
11										6
2										14
6										8
14										10
11										16
10										2
6										12
17										6
	11	9	15	2	11	11	12	12	13	

124

	7	6	2	6	12	9	9	9	15	
13	5	2	1	4	8	3	6	7	9	14
11	6	4	9	1	7	5	2	3	8	12
11	3	7	8	9	2	6	1	5	4	10
16	9	8	4	2	3	1	5	6	7	11
5	2	3	7	6	5	8	9	4	1	2
2	1	6	5	7	9	4	3	8	2	10
11	7	1	3	8	6	9	4	2	5	11
9	8	9	6	5	4	2	7	1	3	10
7	4	5	2	3	1	7	8	9	6	9
	5	8	8	11	2	13	10	16	13	

122 答案

Time

目标时间 8分00秒

实测时间 分 秒

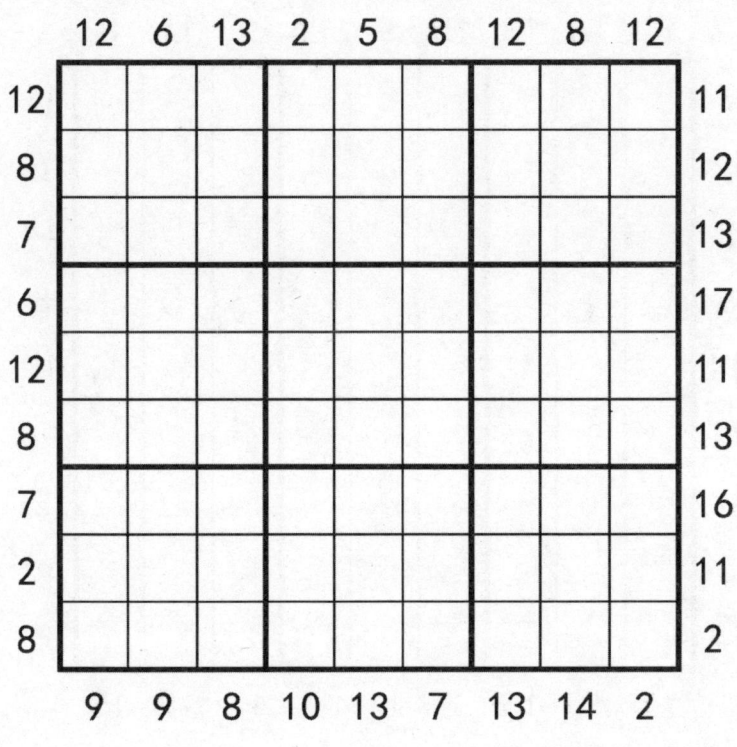

	12	6	13	2	5	8	12	8	12	
12										11
8										12
7										13
6										17
12										11
8										13
7										16
2										11
8										2
	9	9	8	10	13	7	13	14	2	

125

Time

目标时间 **8**分**00**秒

实测时间 分 秒

	2	9	13	14	13	16	11	9	17	
2	1	3	4	6	9	7	2	5	8	11
9	2	7	8	3	1	5	9	6	4	9
12	9	6	5	2	8	4	1	7	3	4
15	7	2	9	4	5	1	8	3	6	10
12	8	1	3	9	7	6	5	4	2	6
12	4	5	6	8	3	2	7	9	1	2
4	3	4	1	7	2	9	6	8	5	7
11	5	8	7	1	6	3	4	2	9	14
14	6	9	2	5	4	8	3	1	7	9
	13	12	9	14	7	13	9	2	10	

123 答案

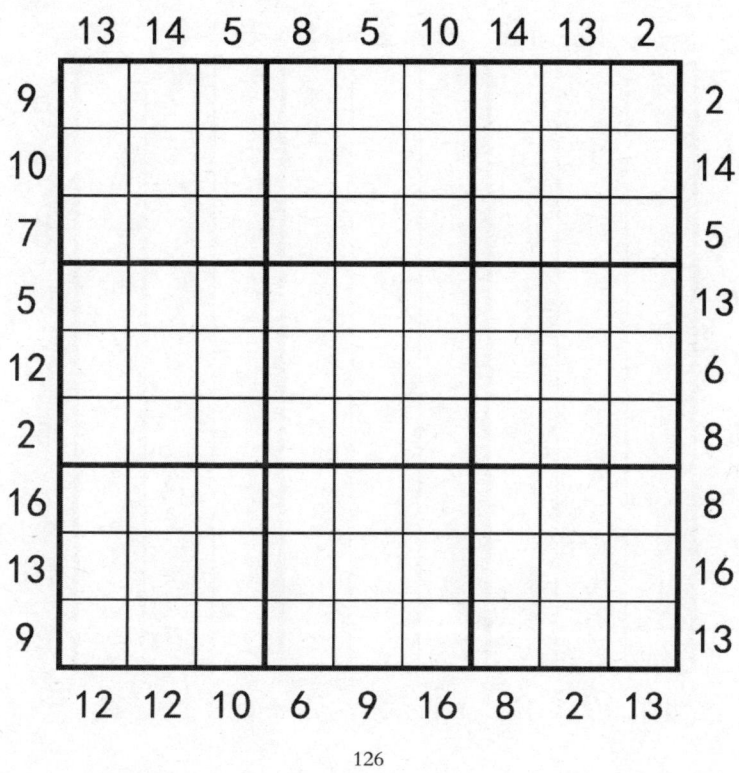

	13	14	5	8	5	10	14	13	2	
9										2
10										14
7										5
5										13
12										6
2										8
16										8
13										16
9										13
	12	12	10	6	9	16	8	2	13	

126

	11	16	13	15	9	11	2	11	8	
7	5	9	4	8	2	6	1	3	7	11
11	3	6	8	5	7	1	9	4	2	6
2	1	2	7	4	9	3	6	8	5	14
6	4	3	9	2	1	7	8	5	6	8
14	6	1	5	9	4	8	7	2	3	10
11	7	8	2	3	6	5	4	1	9	16
10	9	5	3	6	8	4	2	7	1	2
6	2	4	1	7	5	9	3	6	8	12
17	8	7	6	1	3	2	5	9	4	6
	11	9	15	2	11	11	12	12	13	

124 答案

Time

目标时间 8分00秒

实测时间 分 秒

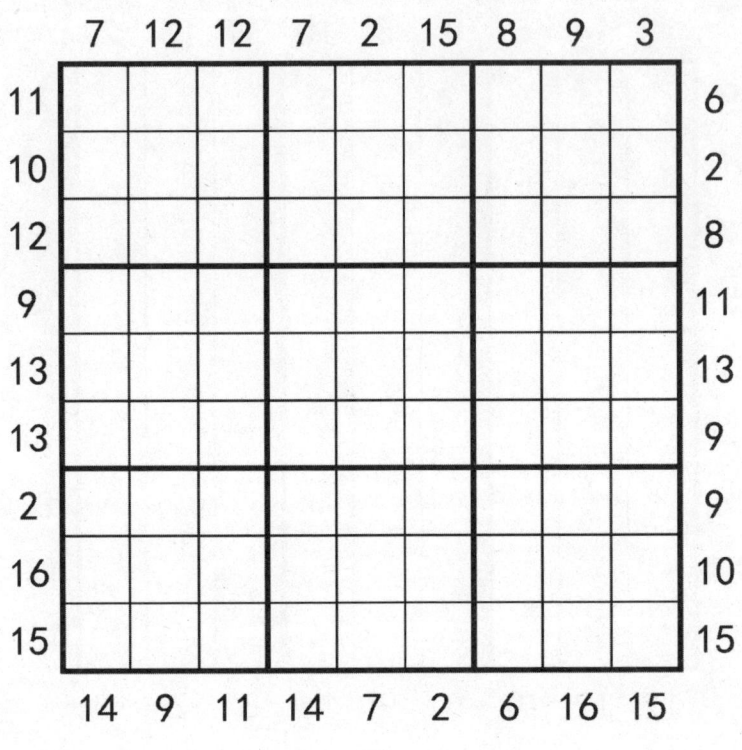

	7	12	12	7	2	15	8	9	3	
11										6
10										2
12										8
9										11
13										13
13										9
2										9
16										10
15										15
	14	9	11	14	7	2	6	16	15	

127

Time

目标时间 8分00秒

实测时间 分 秒

	12	6	13	2	5	8	12	8	12	
12	9	5	6	1	4	7	8	2	3	11
8	7	3	2	9	5	8	1	6	4	12
7	4	8	1	3	6	2	5	7	9	13
6	5	9	4	2	1	6	7	3	8	17
12	8	1	3	5	7	9	2	4	6	11
8	2	6	7	4	8	3	9	1	5	13
7	6	4	9	8	2	1	3	5	7	16
2	1	7	8	6	3	5	4	9	2	11
8	3	2	5	7	9	4	6	8	1	2
	9	9	8	10	13	7	13	14	2	

125 答案

	13	8	8	8	4	13	14	2	7	
13										12
11										17
5										9
13										4
2										9
7										10
10										11
15										11
12										2
	10	12	16	14	6	16	7	8	2	

128

	13	14	5	8	5	10	14	13	2	
9	5	9	2	3	4	7	8	6	1	2
10	4	1	3	6	9	8	7	2	5	14
7	6	8	7	5	2	1	3	9	4	5
5	2	3	4	7	1	5	9	8	6	13
12	8	7	5	9	3	6	1	4	2	6
2	1	6	9	2	8	4	5	7	3	8
16	9	2	1	8	6	3	4	5	7	8
13	7	4	8	1	5	2	6	3	9	16
9	3	5	6	4	7	9	2	1	8	13
	12	12	10	6	9	16	8	2	13	

126 答案

Time

目标时间 10分00秒

实测时间 分 秒

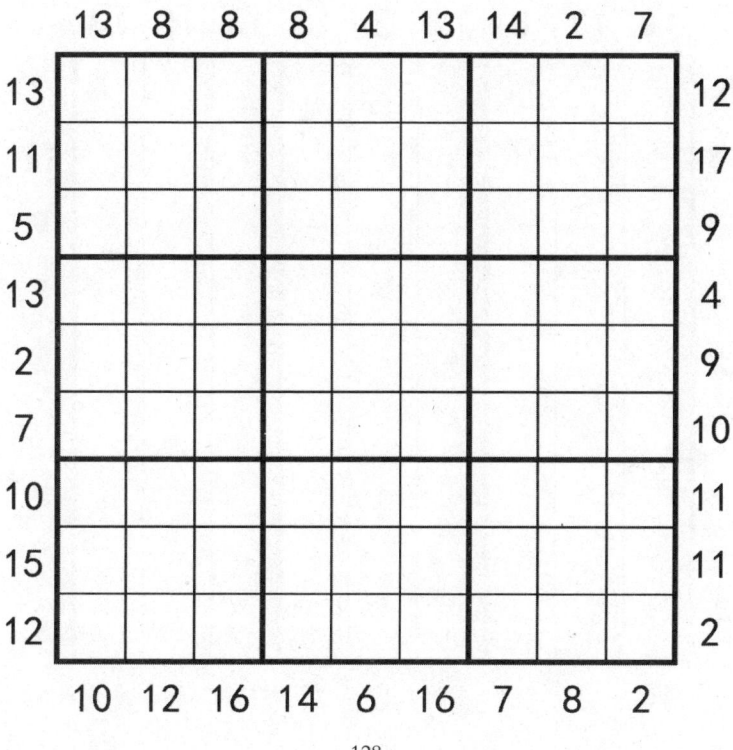

	10	13	8	11	2	12	13	15	13	
5										9
13										12
13										9
12										7
13										3
2										10
13										7
15										2
3										9
	10	2	12	11	8	7	14	6	12	

129

Time

目标时间 **10**分**00**秒

实测时间 分 秒

	7	12	12	7	2	15	8	9	3	
11	3	9	8	5	1	7	6	4	2	6
10	6	5	2	3	9	4	7	8	1	2
12	4	1	7	8	6	2	5	9	3	8
9	2	7	1	4	3	6	8	5	9	11
13	5	4	6	2	8	9	1	3	7	13
13	9	8	3	1	7	5	2	6	4	9
2	1	6	9	7	4	8	3	2	5	9
16	7	2	4	6	5	3	9	1	8	10
15	8	3	5	9	2	1	4	7	6	15
	14	9	11	14	7	2	6	16	15	

127 答案

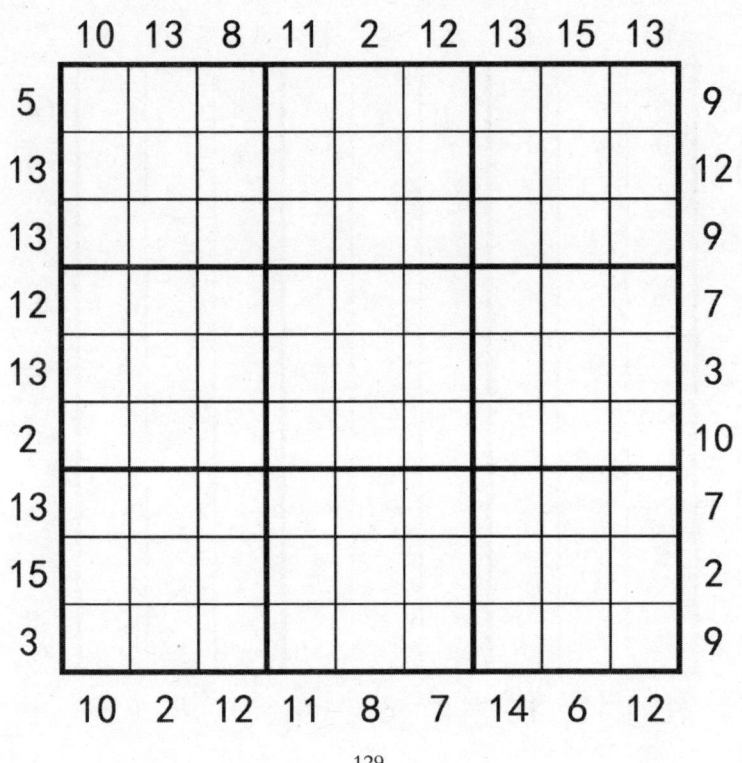

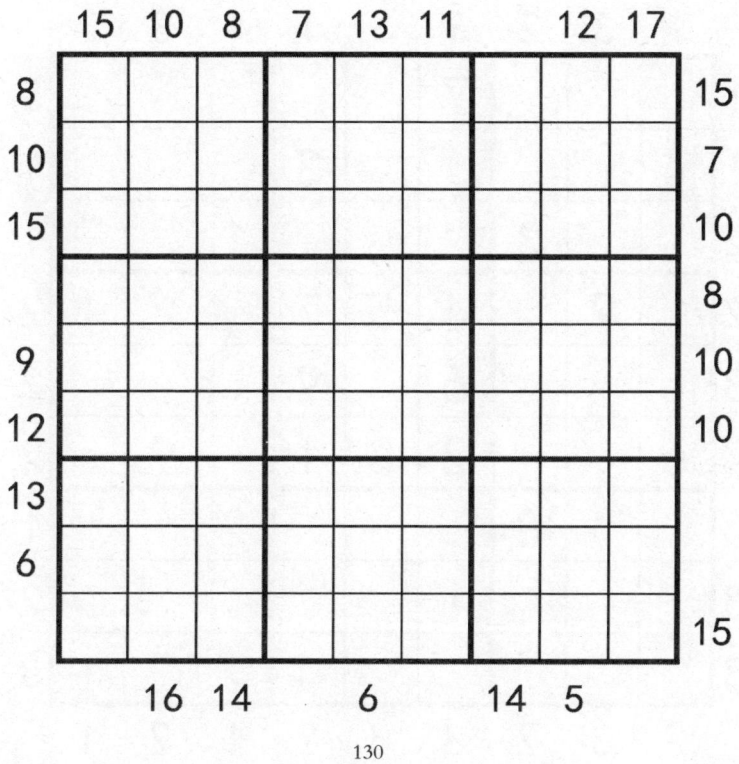

	15	10	8	7	13	11		12	17	
8										15
10										7
15										10
										8
9										10
12										10
13										
6										
										15
		16	14		6		14	5		

130

	13	8	8	8	4	13	14	2	7	
13	9	6	7	2	3	8	5	1	4	12
11	8	1	5	6	7	4	2	3	9	17
5	3	4	2	5	1	9	6	8	7	9
13	5	9	4	7	8	6	1	2	3	4
2	1	7	8	3	5	2	9	4	6	9
7	6	2	3	4	9	1	7	5	8	10
10	2	8	1	9	6	3	4	7	5	11
15	7	3	6	1	4	5	8	9	2	11
12	4	5	9	8	2	7	3	6	1	2
	10	12	16	14	6	16	7	8	2	

128 答案

Time

目标时间 10分00秒

实测时间 分 秒

	1	3	2	3	3	1	1	3	2	
1				7						3
1						3				1
2			3				1			1
2		9		4	5	7			1	2
3				6		9				2
3	6			2	8	1		9		2
3			8				2			1
3				1						2
3						4				3
	3	3	2	3	3	2	1	2	1	

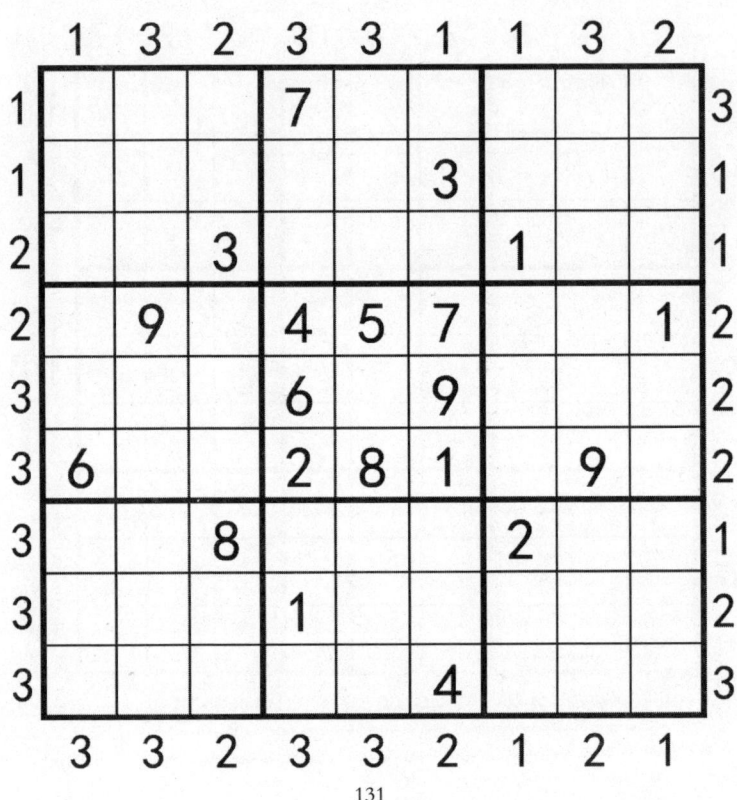

131

Time

目标时间 **5分00秒**

实测时间 分 秒

	2	1	2	2	3	1	1	3	3	
2	5	6	3	2	7	9	4	8	1	2
3	8	2	9	6	1	4	3	7	5	2
1	7	4	1	5	8	3	2	9	6	2
1	9	3	8	1	6	5	7	4	2	3
2	1	5	2	4	3	7	8	6	9	1
2	6	7	4	9	2	8	1	5	3	2
3	4	1	6	8	5	2	9	3	7	3
2	2	8	7	3	9	6	5	1	4	3
2	3	9	5	7	4	1	6	2	8	1
	3	1	2	3	2	2	3	3	1	

139 答案

	2	1	1	2	1	3	3	2	1	
3						2				1
3			6			3	2			2
3		3		7	4			1		1
1	7						9			3
1			3				8			3
1			2						5	2
2		9			5	7		8		2
1			5	3			7			1
3				9						2
	2	3	1	1	1	3	2	3	2	

132

	1	3	1	1	3	3	3	2	2	
1	9	7	5	8	1	6	4	3	2	3
1	6	1	3	7	4	2	5	8	9	1
2	4	8	2	3	5	9	6	7	1	2
2	3	6	1	5	7	4	9	2	8	3
3	8	2	9	6	3	1	7	5	4	3
1	7	5	4	9	2	8	3	1	6	1
2	5	9	8	2	6	7	1	4	3	2
3	1	3	6	4	8	5	2	9	7	2
3	2	4	7	1	9	3	8	6	5	3
	3	3	3	2	1	3	1	2	2	

140 答案

Time

目标时间	实测时间
5分00秒	分　秒

	3	3	1	3	2	1	2	2	3	
3					5					2
1			4			6	9			3
1		7						5		1
2					1					1
1	8			9		2			1	2
3					4					2
3		4						6		1
1			1	4			7			1
2					9					1
	3	1	3	1	1	1	2	3	2	

133

	1	3	2	3	3	1	1	3	2	
1	9	2	1	7	4	5	8	3	6	3
1	7	6	4	8	1	3	5	2	9	1
2	5	8	3	9	6	2	1	4	7	1
2	8	9	2	4	5	7	3	6	1	2
3	1	4	5	6	3	9	7	8	2	2
3	6	3	7	2	8	1	4	9	5	2
3	4	7	8	5	9	6	2	1	3	1
3	3	5	9	1	2	8	6	7	4	2
3	2	1	6	3	7	4	9	5	8	3
	3	3	2	3	3	2	1	2	1	

131 答案

第二章 变型数独练习题

165

	3	2	3	1	1	2	2	3	3	
1									1	3
2				7		6				3
1				1						2
3		6			4		7	1		1
3				6		8				2
3		4	8		1			2		3
1						9				2
2				5		2				1
1	9									2
	1	2	3	1	3	3	2	3	2	

134

	2	1	1	2	1	3	3	2	1	
3	1	7	9	5	6	2	4	3	8	1
3	5	4	6	8	1	3	2	9	7	2
3	2	3	8	7	4	9	5	1	6	1
1	7	5	4	6	3	8	9	2	1	3
1	6	1	3	2	9	5	8	7	4	3
1	9	8	2	1	7	4	3	6	5	2
2	3	9	1	4	5	7	6	8	2	2
1	8	6	5	3	2	1	7	4	9	1
3	4	2	7	9	8	6	1	5	3	2
	2	3	1	1	3	2	3	2		

132 答案

Time
目标时间　实测时间
8分**00**秒　　分　秒

135

	1	2	2	1	3	2	3	2	1	
1				7						1
2					6					2
1				1		4				3
2			2				3		4	1
3		3						8		3
2	1		6				5			2
1				8		1				1
3					3					3
3						2				1
	2	3	2	1	3	2	2	2	3	

Time
目标时间 **8分00秒**　实测时间　分　秒

133 答案

	3	3	1	3	2	1	2	2	3	
3	1	6	8	2	5	9	4	7	3	2
1	5	3	4	1	7	6	9	8	2	3
1	9	7	2	8	3	4	1	5	6	1
2	4	9	3	5	1	8	6	2	7	1
1	8	5	7	9	6	2	3	4	1	2
3	2	1	6	7	4	3	8	9	5	2
3	7	4	9	3	2	1	5	6	8	1
1	6	2	1	4	8	5	7	3	9	1
2	3	8	5	6	9	7	2	1	4	1
	3	1	3	1	1	1	2	3	2	

第二章 变型数独练习题

	2	1	2	1	3	1	3	1	2	
2					4					2
3				2		5				1
1			4				7			2
2		3			5			7		1
2	4			3		8			9	1
2		9			1			5		2
1			3				8			3
3				8		1				3
3					3					2
	3	3	1	1	3	1	2	1	2	

136

	3	2	3	1	1	2	2	3	3	
1	7	5	2	9	8	3	6	4	1	3
2	4	9	1	7	5	6	8	3	2	3
1	8	3	6	1	2	4	5	9	7	2
3	3	6	9	2	4	5	7	1	8	1
3	2	1	7	6	9	8	3	5	4	2
3	5	4	8	3	1	7	9	2	6	3
1	6	2	5	4	7	9	1	8	3	2
2	1	8	3	5	6	2	4	7	9	1
1	9	7	4	8	3	1	2	6	5	2
	1	2	3	1	3	3	2	3	2	

134 答案

Time

目标时间	实测时间
8分**00**秒	分 秒

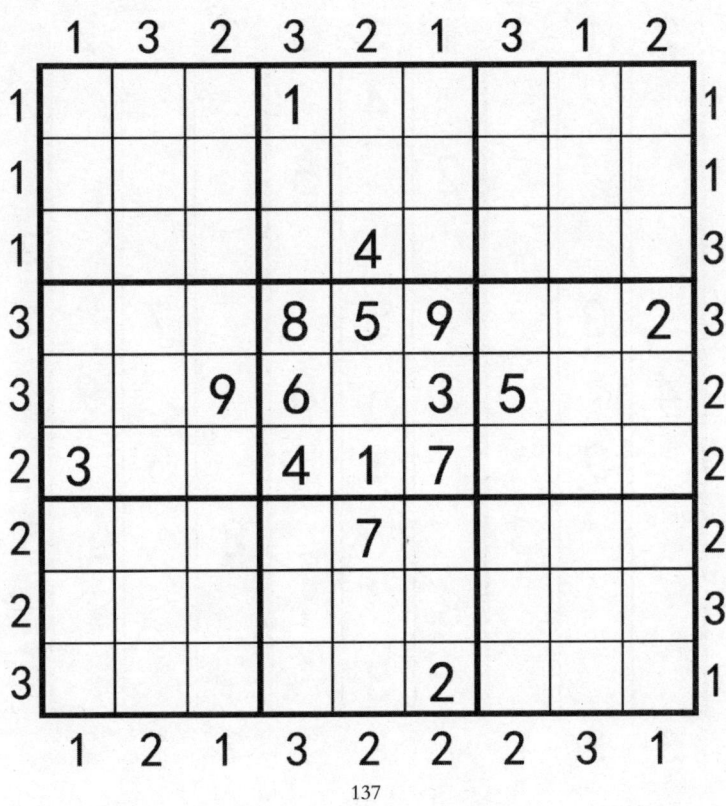

	1	3	2	3	2	1	3	1	2	
1				1						1
1										1
1					4					3
3				8	5	9			2	3
3			9	6		3	5			2
2	3			4	1	7				2
2					7					2
2										3
3						2				1
	1	2	1	3	2	2	2	3	1	

137

Time

目标时间 8分00秒

实测时间 分 秒

	1	2	2	1	3	2	3	2	1	
1	9	5	1	7	2	3	4	6	8	1
2	2	7	4	5	6	8	1	9	3	2
1	8	6	3	1	9	4	7	2	5	3
2	5	9	2	6	8	7	3	1	4	1
3	4	3	7	2	1	5	9	8	6	3
2	1	8	6	3	4	9	5	7	2	2
1	6	4	5	8	7	1	2	3	9	1
3	7	2	9	4	3	6	8	5	1	3
3	3	1	8	9	5	2	6	4	7	1
	2	3	2	1	3	2	2	2	3	

135 答案

	2	1	3	1	2	3	3	1	2	
3					4	2				2
1				3						2
3										3
3	2				8			7		2
3	1			2		4			5	3
2		8			7				1	3
2										3
1						7				1
2				1	5					1
	2	1	2	2	3	3	3	3	2	

138

	2	1	2	1	3	1	3	1	2	
2	3	8	2	7	4	6	1	9	5	2
3	7	1	9	2	8	5	3	4	6	1
1	6	5	4	1	9	3	7	8	2	2
2	2	3	1	4	5	9	6	7	8	1
2	4	6	5	3	7	8	2	1	9	1
2	8	9	7	6	1	2	4	5	3	2
1	9	7	3	5	6	4	8	2	1	3
3	5	4	6	8	2	1	9	3	7	3
3	1	2	8	9	3	7	5	6	4	2
	3	3	1	1	3	1	2	1	2	

136 答案

Time

目标时间 **10**分**00**秒

实测时间 分 秒

	2	1	2	2	3	1	1	3	3	
2							4			2
3						4				2
1	7			5						2
1		3					7			3
2										1
2			4					5		2
3						2			7	3
2				3						3
2			5							1
	3	1	2	3	2	2	3	3	1	

139

Time

目标时间 **10**分**00**秒

实测时间 分 秒

	1	3	2	3	2	1	3	1	2	
1	9	2	4	1	3	8	6	5	7	1
1	7	1	6	2	9	5	4	3	8	1
1	8	3	5	7	4	6	9	2	1	3
3	6	4	7	8	5	9	3	1	2	3
3	1	8	9	6	2	3	5	7	4	2
2	3	5	2	4	1	7	8	9	6	2
2	4	6	3	9	7	1	2	8	5	2
2	2	9	1	5	8	4	7	6	3	3
3	5	7	8	3	6	2	1	4	9	1
	1	2	1	3	2	2	2	3	1	

137 答案

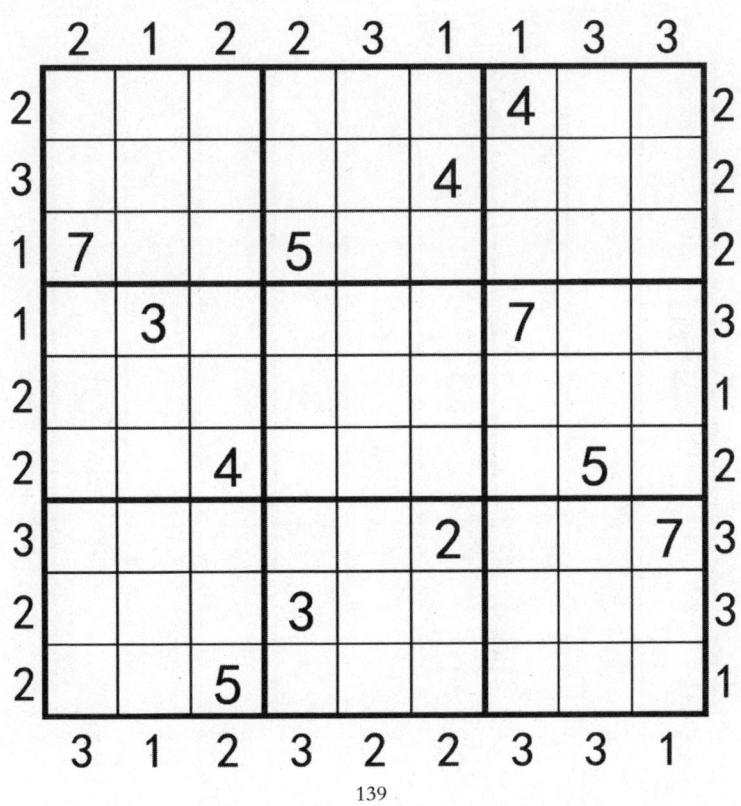

	1	3	1	1	3	3	3	2	2	
1										3
1				7						1
2						9				2
2			1		7			2		3
3				6		1				3
1		5			2		3			1
2				2						2
3						5				2
3										3
	3	3	3	2	1	3	1	2	2	

140

	2	1	3	1	2	3	3	1	2	
3	5	3	7	8	4	2	1	9	6	2
1	9	1	4	3	6	5	2	8	7	2
3	6	2	8	7	1	9	5	3	4	3
3	2	5	6	9	8	1	4	7	3	2
3	1	7	9	2	3	4	8	6	5	3
2	4	8	3	5	7	6	9	2	1	3
2	3	6	1	4	9	8	7	5	2	3
1	8	4	5	6	2	7	3	1	9	1
2	7	9	2	1	5	3	6	4	8	1
	2	1	2	2	3	3	3	3	2	

138 答案

Time

目标时间 **10**分**00**秒

实测时间 分 秒

5	2	8	2	5	9	1	9	1		
1	1	3	1	2	8	5	7	9		
2	1	1	3	4	1	2	2	1		
									6	8 7
	3				6		9		4	5 6
					4				1	8 1
	7	4							1	8 4
									1	3 7
						1	8		2	2 6
			6						4	2 9
	1		3				4		5	1 4
									4	1 6

141

Time

目标时间 **5**分**00**秒

实测时间 分 秒

4	7	4	2	7	4	3	8	4		
6	2	2	5	6	5	5	9	5		
6	3	4	6	2	3	6	2	2		
2	5	8	9	1	4	3	7	6	3	5 4
4	7	1	2	3	6	9	5	8	5	1 8
9	3	6	7	5	8	2	1	4	5	3 1
5	6	4	8	9	2	7	3	1	4	8 1
8	1	3	6	7	5	4	2	9	6	8 2
7	2	9	1	4	3	6	8	5	4	1 5
3	9	5	4	2	1	8	6	7	6	3 6
1	8	7	3	6	9	5	4	2	4	3 2
6	4	2	5	8	7	1	9	3	2	5 1

149 答案

8	1	7	4	9	1	4	6	6	
5	5	1	6	6	4	5	8	5	
1	3	2	5	2	3	1	4	1	
									6 | 8 5
			3						1 | 8 1
			4						2 | 2 6
			2		3	4	6		3 | 7 8
									3 | 4 2
	4	7	9		8				2 | 7 8
					2				3 | 4 1
					9				4 | 3 9
									3 | 7 3

142

1	9	5	8	1	9	4	2	3	
6	1	3	4	7	6	8	1	6	
3	7	2	6	5	3	3	3	3	
2	9	1	6	5	3	4	8	7	5 | 1 7
3	5	4	8	9	7	6	2	1	5 | 4 1
7	8	6	2	1	4	9	5	3	2 | 2 9
4	3	7	1	8	9	2	6	5	6 | 4 6
1	2	9	7	6	5	8	3	4	3 | 9 8
8	6	5	3	4	2	7	1	9	4 | 6 7
5	4	8	9	2	1	3	7	6	4 | 8 7
9	7	2	5	3	6	1	4	8	4 | 9 6
6	1	3	4	7	8	5	9	2	4 | 1 5

150 答案

Time

目标时间 **5分00秒**　　实测时间 分 秒

143

141 答案

Time
目标时间　实测时间
5分00秒　分　秒

144

9								1
		8						
				7			9	
		7				3		
		4		5				
						4		
7								5

Top clues (columns): 3/6/2, 6/5/4, 3/6/4, 7/4/1, 3/9/2, 4/1/6, 7/8/2, 9/2/1, 7/6/3

Right clues (rows): 1|7 8, 5|2 4, 5|6 9, 1|4 1, 2|9 8, 6|1 6, 5|4 6, 5|9 2, 3|7 9

142 答案

Top clues: 8/5/1, 1/5/3, 7/1/2, 4/6/5, 9/6/2, 1/4/3, 4/5/1, 6/8/4, 6/5/1

8	3	4	1	2	7	6	5	9	6	8 5
9	7	6	3	8	5	1	2	4	1	8 1
5	1	2	4	9	6	8	3	7	2	2 6
1	9	5	2	7	3	4	6	8	3	7 8
6	8	3	5	4	1	7	9	2	3	4 2
2	4	7	9	6	8	5	1	3	2	7 8
4	5	9	8	1	2	3	7	6	3	4 1
3	6	8	7	5	9	2	4	1	4	3 9
7	2	1	6	3	4	9	8	5	3	7 3

Time
目标时间 **8分00秒**　　实测时间　分　秒

第二章 变型数独练习题

6	1	2	2	1	6	3	8	5	
5	4	7	1	7	4	8	2	9	
4	5	5	2	2	2	7	2	3	
									1 | 2 4
			8						4 | 3 1
		2				6			2 | 1 5
							5		3 | 9 3
									4 | 7 6
	8								3 | 6 4
		5				1			1 | 3 7
					4				2 | 1 9
									2 | 3 1

145

Time

目标时间 8分00秒

实测时间 分 秒

6	3	5	7	9	4	5	7	8	
9	4	3	4	7	6	7	6	9	
4	1	2	2	5	2	6	4	1	
7	1	2	5	9	4	6	3	8	3 | 5 3
8	9	4	3	6	7	5	1	2	1 | 7 1
6	3	5	2	1	8	4	7	9	6 | 3 9
2	8	9	7	4	6	3	5	1	2 | 6 1
1	4	6	9	5	3	2	8	7	3 | 9 8
5	7	3	8	2	1	9	4	6	2 | 1 6
3	6	8	4	7	2	1	9	5	1 | 6 4
9	2	7	1	3	5	8	6	4	1 | 5 6
4	5	1	6	8	9	7	2	3	2 | 9 3

143答案

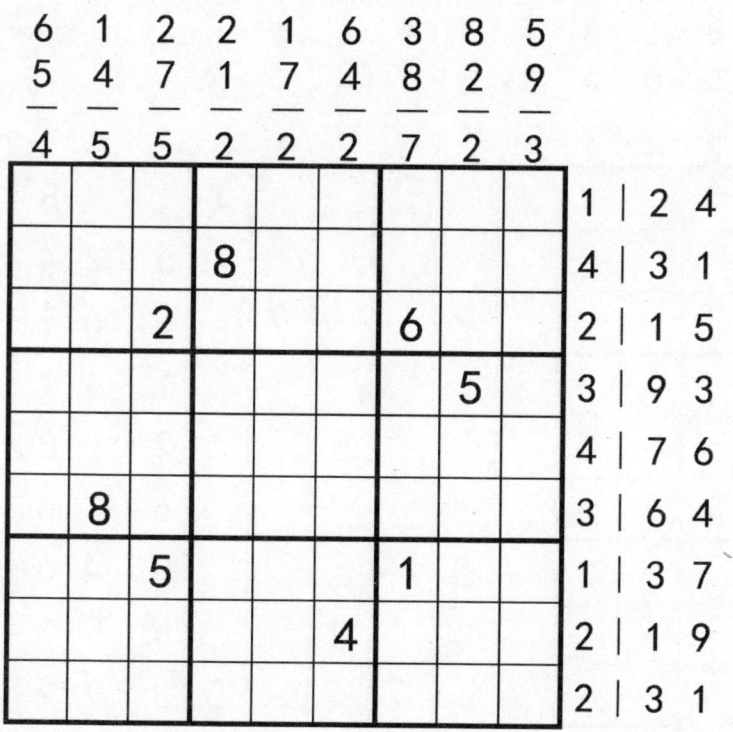

9	4	1	8	5	8	3	4	6	
2	1	3	9	8	3	4	6	5	
2	4	5	3	2	3	5	3	6	
					8				4 | 4 5
		5							4 | 3 8
							7		2 | 8 5
5									5 | 6 2
									1 | 2 6
								3	5 | 7 3
	6								3 | 1 2
						2			1 | 1 6
			6						2 | 7 1

146

3	6	3	7	3	4	7	9	7	
6	5	6	4	9	1	8	2	6	
2	4	4	1	2	6	2	1	3	
9	7	5	8	2	4	6	3	1	1 | 7 8
3	2	8	9	1	6	5	4	7	5 | 2 4
4	6	1	5	7	3	2	9	8	5 | 6 9
2	8	3	6	4	7	1	5	9	1 | 4 1
6	9	7	1	8	5	3	2	4	2 | 9 8
5	1	4	2	3	9	7	8	6	6 | 1 6
1	4	2	7	5	8	9	6	3	5 | 4 6
8	5	9	3	6	1	4	7	2	5 | 9 2
7	3	6	4	9	2	8	1	5	3 | 7 9

144 答案

Time

目标时间 **8**分**00**秒

实测时间 分 秒

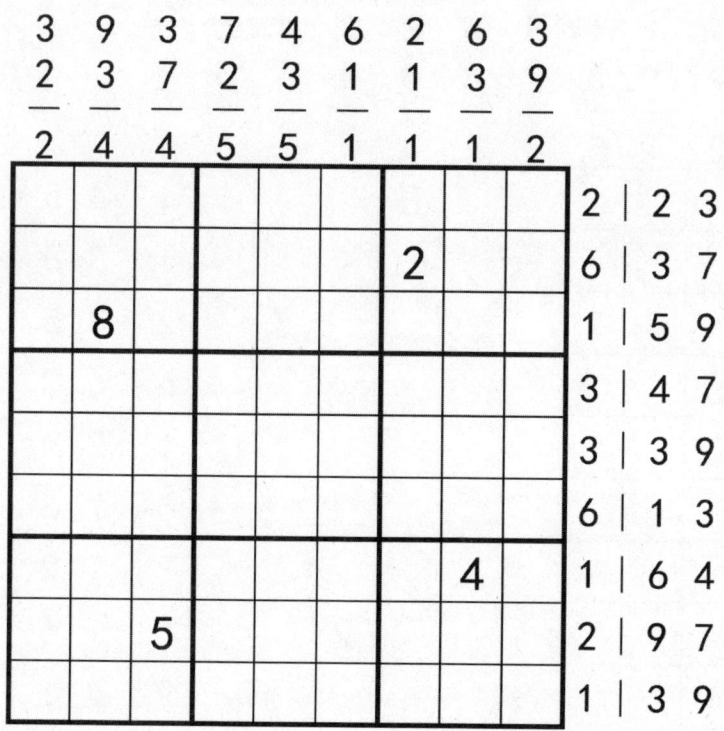

3	9	3	7	4	6	2	6	3	
2	3	7	2	3	1	1	3	9	
2	4	4	5	5	1	1	1	2	
									2 | 2 3
						2			6 | 3 7
	8								1 | 5 9
									3 | 4 7
									3 | 3 9
									6 | 1 3
							4		1 | 6 4
		5							2 | 9 7
									1 | 3 9

147

Time

目标时间 **8**分**00**秒

实测时间 分 秒

6	1	2	2	1	6	3	8	5	
5	4	7	1	7	4	8	2	9	
4	5	5	2	2	2	7	2	3	
6	1	9	7	5	2	3	4	8	1 | 2 4
4	5	3	8	6	9	2	1	7	4 | 3 1
8	7	2	3	4	1	6	9	5	2 | 1 5
9	2	1	4	3	8	7	5	6	3 | 9 3
7	3	4	5	1	6	9	8	2	4 | 7 6
5	8	6	2	9	7	4	3	1	3 | 6 4
2	4	5	6	8	3	1	7	9	1 | 3 7
1	6	8	9	7	4	5	2	3	2 | 1 9
3	9	7	1	2	5	8	6	4	2 | 3 1

145 答案

2	7	5	1	8	9	9	5	2	
3	1	9	2	3	7	1	4	5	
—	—	—	—	—	—	—	—	—	
2	1	4	5	2	1	3	3	1	
									5 | 3 1
		1							6 | 7 2
							8		3 | 6 9
									2 | 5 1
									3 | 2 3
									4 | 3 1
	7								1 | 6 4
						2			2 | 7 8
									4 | 2 4

148

9	4	1	8	5	8	3	4	6	
2	1	3	9	8	3	4	6	5	
—	—	—	—	—	—	—	—	—	
2	4	5	3	2	3	5	3	6	
3	4	1	7	9	8	5	2	6	4 | 4 5
7	2	5	3	4	6	9	1	8	4 | 3 8
6	9	8	2	1	5	3	7	4	2 | 8 5
5	3	6	8	7	9	1	4	2	5 | 6 2
4	8	2	1	6	3	7	5	9	1 | 2 6
9	1	7	4	5	2	6	8	3	5 | 7 3
1	6	3	5	2	4	8	9	7	3 | 1 2
8	7	4	9	3	1	2	6	5	1 | 1 6
2	5	9	6	8	7	4	3	1	2 | 7 1

146 答案

Time

目标时间	实测时间
10分00秒	分 秒

4	7	4	2	7	4	3	8	4	
6	2	2	5	6	5	5	9	5	
—	—	—	—	—	—	—	—	—	
6	3	4	6	2	3	6	2	2	
									3 | 5 4
									5 | 1 8
									5 | 3 1
									4 | 8 1
									6 | 8 2
									4 | 1 5
									6 | 3 6
									4 | 3 2
									2 | 5 1

149

Time

目标时间 **10**分**00**秒

实测时间 分 秒

3	9	3	7	4	6	2	6	3	
2	3	7	2	3	1	1	3	9	
—	—	—	—	—	—	—	—	—	
2	4	4	5	5	1	1	1	2	
1	5	2	7	9	3	8	6	4	2 | 2 3
3	9	6	1	4	8	2	7	5	6 | 3 7
7	8	4	6	5	2	9	3	1	1 | 5 9
5	4	3	9	6	7	1	8	2	3 | 4 7
2	7	8	3	1	5	4	9	6	3 | 3 9
6	1	9	8	2	4	7	5	3	6 | 1 3
9	3	1	2	7	6	5	4	8	1 | 6 4
8	2	5	4	3	9	6	1	7	2 | 9 7
4	6	7	5	8	1	3	2	9	1 | 3 9

147 答案

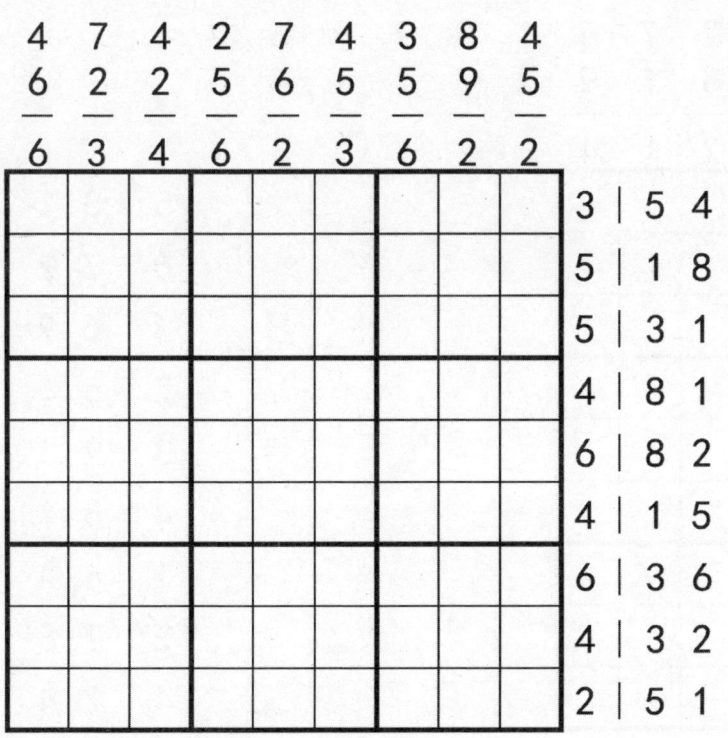

150

$\frac{1}{6}/3$ $\frac{9}{1}/7$ $\frac{5}{3}/2$ $\frac{8}{4}/6$ $\frac{1}{7}/5$ $\frac{9}{6}/3$ $\frac{4}{8}/3$ $\frac{2}{1}/3$ $\frac{3}{6}/3$

5 | 1 7
5 | 4 1
2 | 2 9
6 | 4 6
3 | 9 8
4 | 6 7
4 | 8 7
4 | 9 6
4 | 1 5

148 答案

$\frac{2}{3}/2$ $\frac{7}{1}/1$ $\frac{5}{9}/4$ $\frac{1}{2}/5$ $\frac{8}{3}/2$ $\frac{9}{7}/1$ $\frac{9}{1}/3$ $\frac{5}{4}/3$ $\frac{2}{5}/1$

| 9 | 8 | 3 | 7 | 6 | 2 | 4 | 5 | 1 | 5 \| 3 1
| 7 | 5 | 1 | 8 | 4 | 3 | 9 | 2 | 6 | 6 \| 7 2
| 6 | 2 | 4 | 1 | 9 | 5 | 3 | 8 | 7 | 3 \| 6 9
| 4 | 6 | 5 | 3 | 8 | 1 | 7 | 9 | 2 | 2 \| 5 1
| 1 | 9 | 7 | 5 | 2 | 6 | 8 | 4 | 3 | 3 \| 2 3
| 2 | 3 | 8 | 4 | 7 | 9 | 1 | 6 | 5 | 4 \| 3 1
| 8 | 7 | 2 | 6 | 3 | 4 | 5 | 1 | 9 | 1 \| 6 4
| 5 | 4 | 6 | 9 | 1 | 7 | 2 | 3 | 8 | 2 \| 7 8
| 3 | 1 | 9 | 2 | 5 | 8 | 6 | 7 | 4 | 4 \| 2 4

Time
目标时间 实测时间
10分**00**秒   分   秒

第二章 变型数独练习题

6		2						
			9	6	2			
7						6		
	3						1	
	1						8	
	7						6	
		4						5
			5	2	8			
						8		6

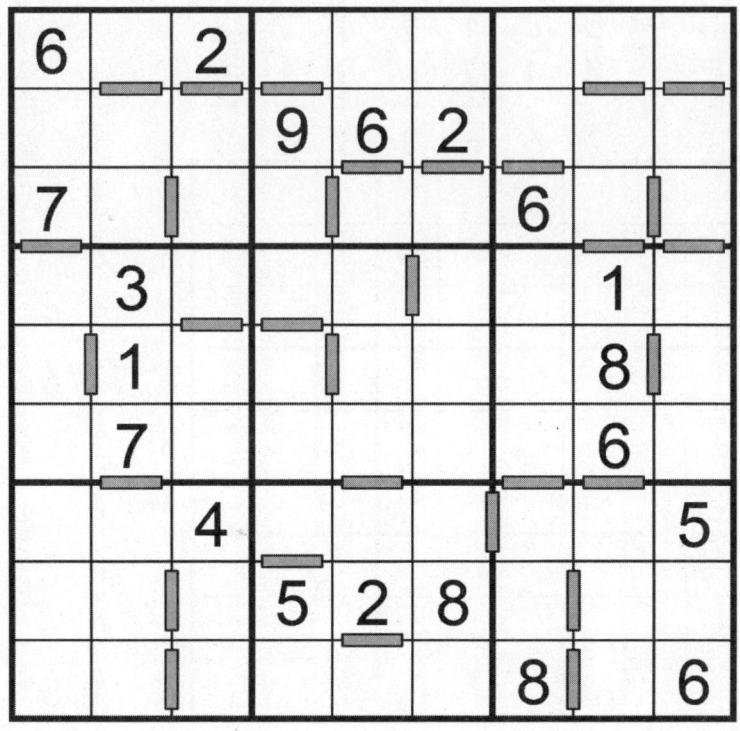

151

Time

目标时间 5分00秒

实测时间 分 秒

1	2	5	4	3	8	9	7	6
6	7	9	5	1	2	4	8	3
8	3	4	7	6	9	1	5	2
5	1	2	8	4	3	7	6	9
4	9	6	2	7	1	8	3	5
7	8	3	9	5	6	2	4	1
3	5	7	1	9	4	6	2	8
9	6	8	3	2	7	5	1	4
2	4	1	6	8	5	3	9	7

159 答案

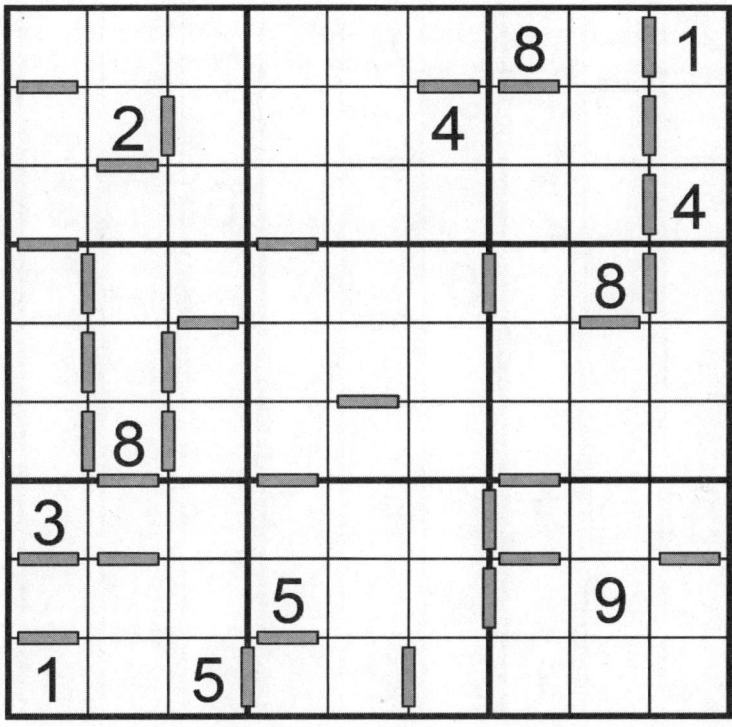

						8		1
	2				4			
								4
							8	
	8							
3								
			5				9	
1		5						

152

4	7	8	6	1	2	5	3	9
3	5	9	4	8	7	2	1	6
2	1	6	5	9	3	7	8	4
7	3	4	9	5	8	6	2	1
6	9	5	3	2	1	4	7	8
1	8	2	7	4	6	9	5	3
5	6	7	1	3	9	8	4	2
8	4	1	2	6	5	3	9	7
9	2	3	8	7	4	1	6	5

160 答案

Time

目标时间	实测时间
5分00秒	分 秒

153

Time

目标时间 5分00秒

实测时间 分 秒

6	4	2	8	3	7	1	5	9
3	5	1	9	6	2	7	4	8
7	9	8	4	5	1	6	2	3
8	3	5	2	7	6	9	1	4
2	1	6	3	4	9	5	8	7
4	7	9	1	8	5	3	6	2
1	8	4	6	9	3	2	7	5
9	6	7	5	2	8	4	3	1
5	2	3	7	1	4	8	9	6

151 答案

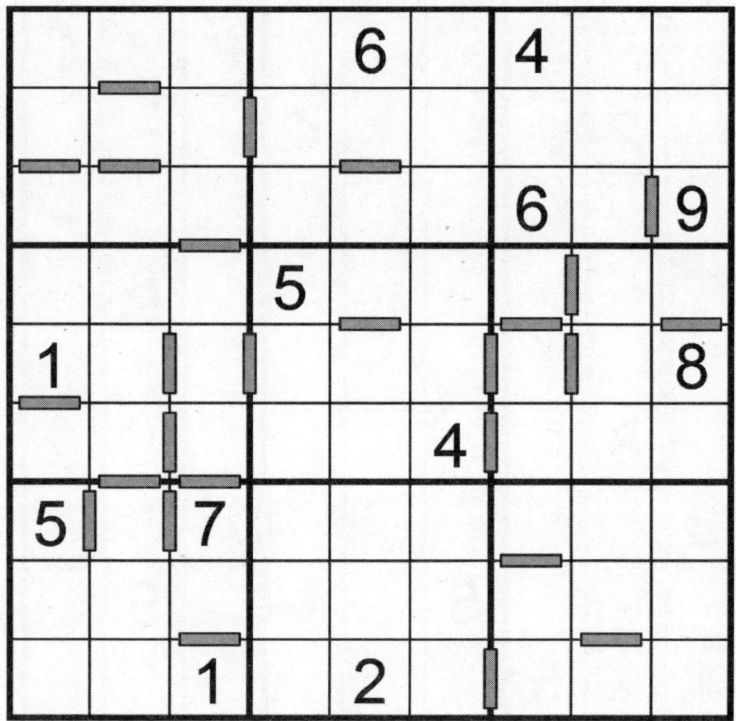

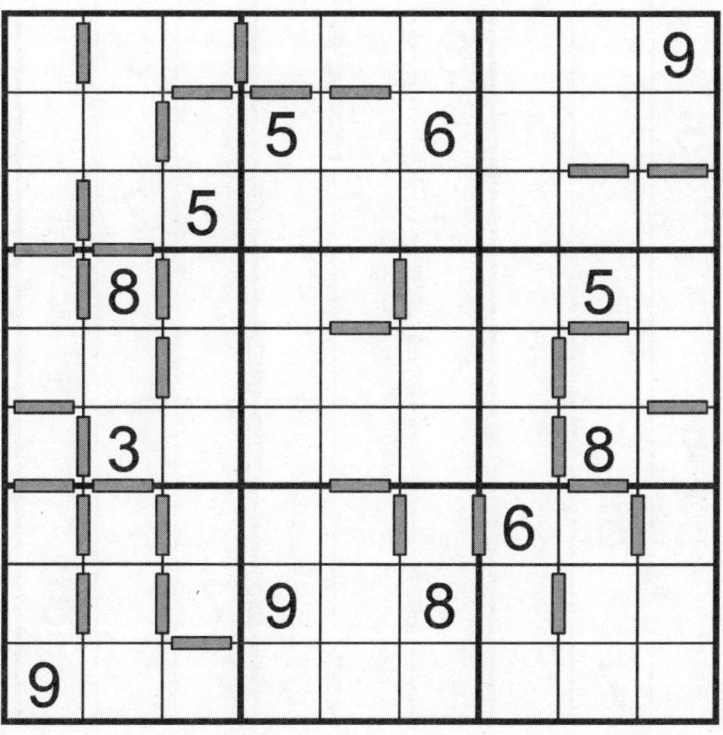

								9
			5		6			
		5						
	8						5	
	3						8	
						6		
			9		8			
9								

154

7	4	9	6	3	5	8	2	1
8	2	3	1	7	4	9	5	6
5	1	6	8	2	9	7	3	4
6	5	1	7	4	2	3	8	9
4	3	2	9	6	8	1	7	5
9	8	7	3	5	1	6	4	2
3	7	4	2	9	6	5	1	8
2	6	8	5	1	3	4	9	7
1	9	5	4	8	7	2	6	3

152 答案

Time

目标时间 8分00秒

实测时间 分 秒

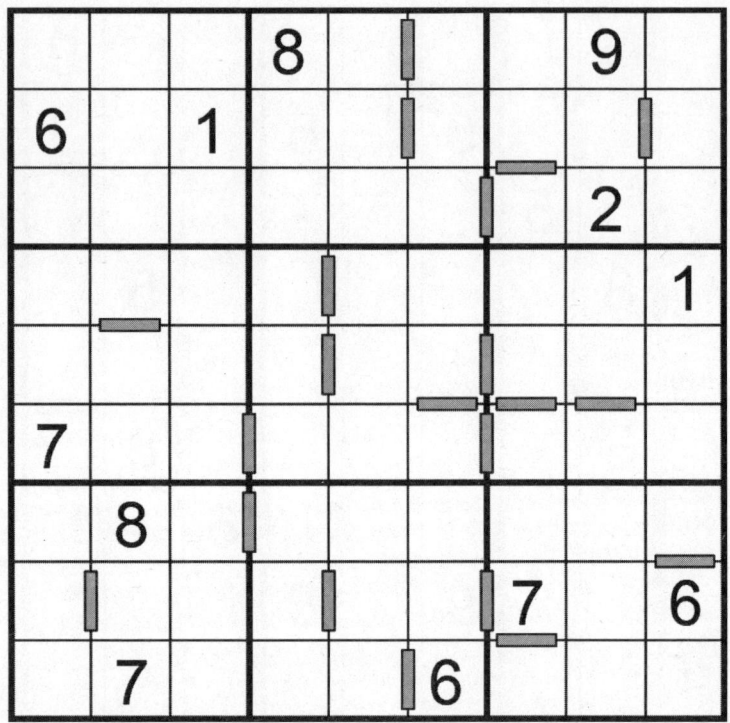

155

Time

目标时间 **8**分**00**秒

实测时间 分 秒

8	3	5	1	6	9	4	7	2
6	2	9	8	4	7	1	3	5
7	1	4	2	5	3	6	8	9
4	9	3	5	8	6	2	1	7
1	5	6	7	9	2	3	4	8
2	7	8	3	1	4	5	9	6
5	6	7	9	3	1	8	2	4
3	8	2	4	7	5	9	6	1
9	4	1	6	2	8	7	5	3

153 答案

156

6	7	3	4	8	2	5	1	9
4	1	2	5	9	6	8	3	7
8	9	5	3	7	1	4	2	6
7	8	9	6	3	4	2	5	1
1	5	4	8	2	9	7	6	3
2	3	6	1	5	7	9	8	4
3	2	1	7	4	5	6	9	8
5	6	7	9	1	8	3	4	2
9	4	8	2	6	3	1	7	5

154 答案

Time

目标时间 **8分00秒**

实测时间 分 秒

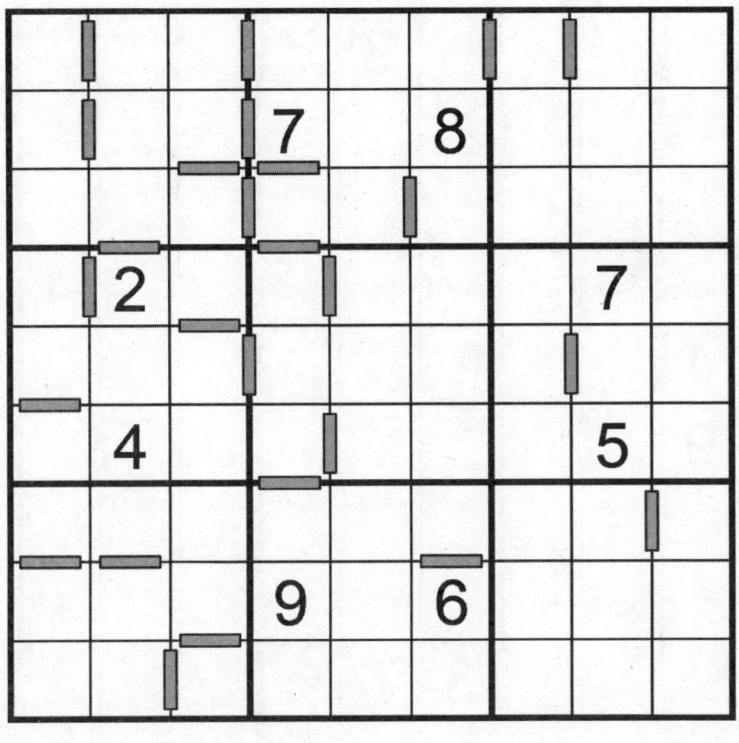

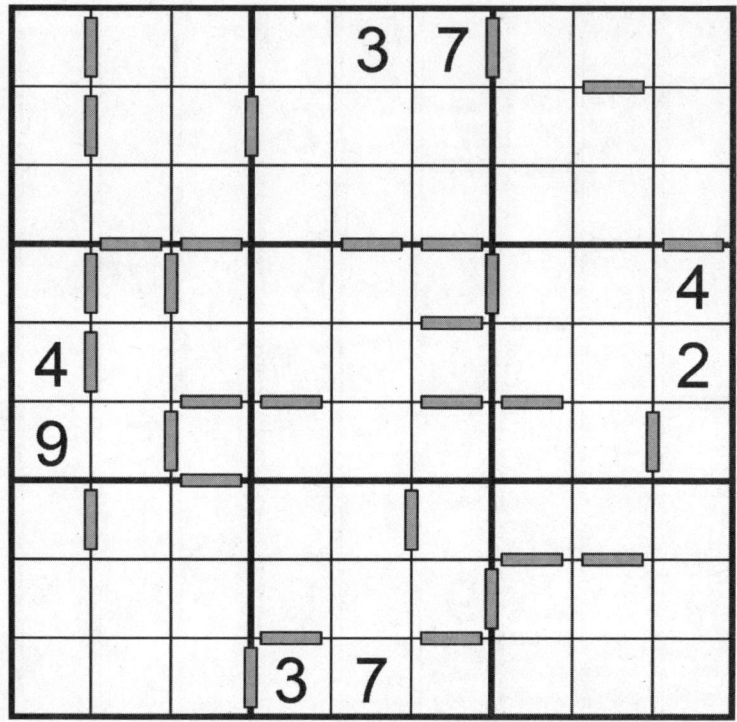

				3	7			
								4
4								2
9								
			3	7				

157

Time

目标时间 **8**分**00**秒

实测时间 分 秒

4	2	5	8	6	7	1	9	3
6	9	1	4	2	3	5	7	8
8	3	7	1	9	5	6	2	4
3	5	2	6	7	9	4	8	1
9	6	8	3	4	1	2	5	7
7	1	4	5	8	2	3	6	9
2	8	6	7	1	4	9	3	5
5	4	9	2	3	8	7	1	6
1	7	3	9	5	6	8	4	2

155 答案

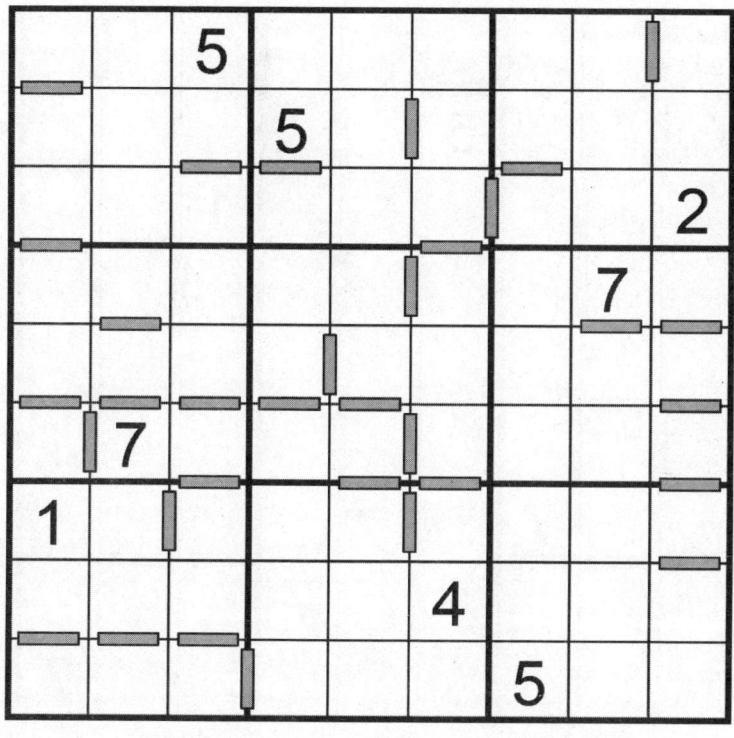

158

7	8	2	1	9	4	5	6	3
4	3	6	7	5	8	2	9	1
9	1	5	6	3	2	8	4	7
3	2	8	5	6	9	1	7	4
5	9	7	8	4	1	3	2	6
6	4	1	3	2	7	9	5	8
1	6	9	4	8	5	7	3	2
2	7	3	9	1	6	4	8	5
8	5	4	2	7	3	6	1	9

156 答案

Time

目标时间	实测时间
10分00秒	分 秒

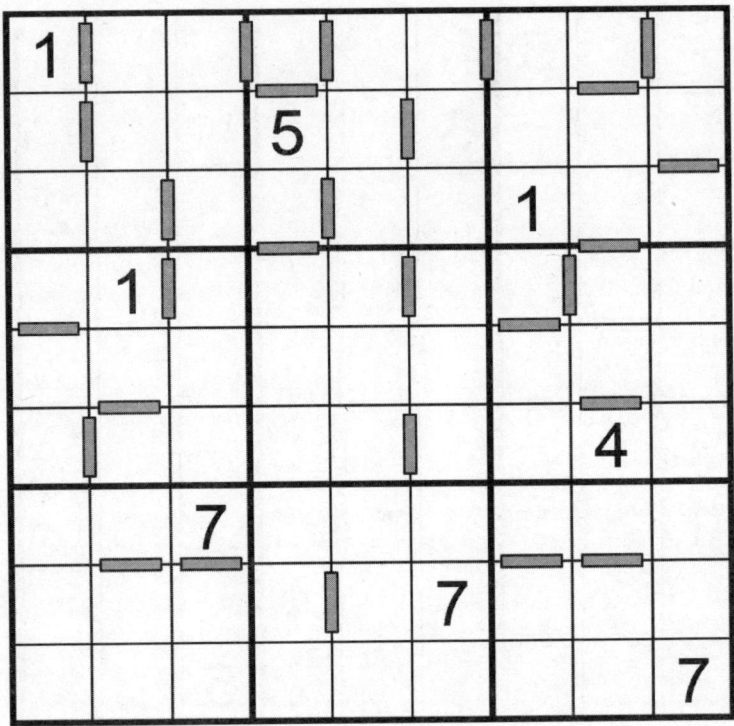

159

Time

目标时间 **10**分**00**秒

实测时间 分 秒

1	2	9	5	3	7	6	4	8
3	4	7	8	6	9	2	5	1
6	8	5	2	4	1	9	7	3
8	7	6	9	5	2	3	1	4
4	5	1	6	8	3	7	9	2
9	3	2	7	1	4	8	6	5
5	6	3	1	9	8	4	2	7
7	1	8	4	2	6	5	3	9
2	9	4	3	7	5	1	8	6

157 答案

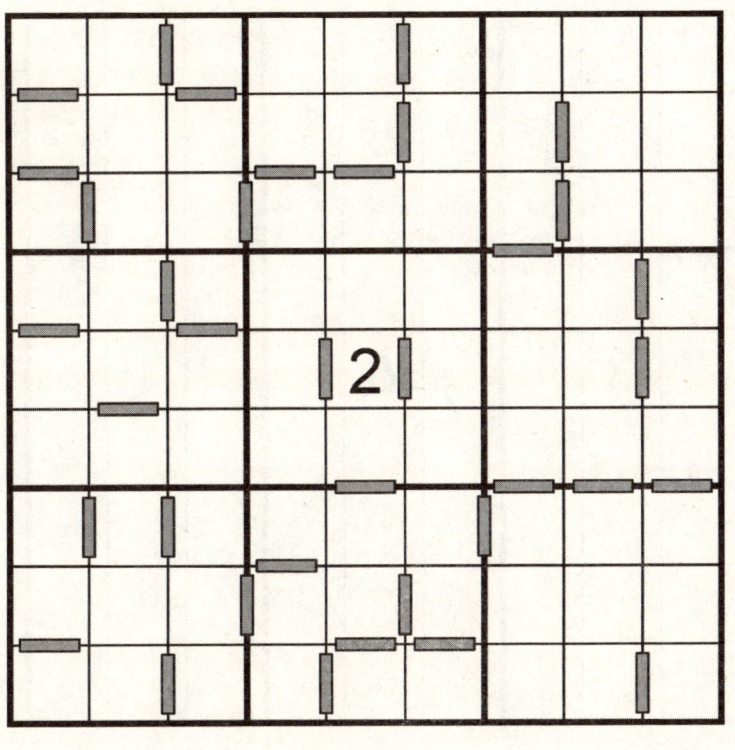

第二章 变型数独练习题

191

160

6	2	5	9	7	1	8	4	3
7	4	8	5	2	3	6	1	9
3	1	9	4	6	8	7	5	2
2	5	1	6	8	9	3	7	4
9	6	4	2	3	7	1	8	5
8	7	3	1	4	5	9	2	6
1	3	2	8	5	6	4	9	7
5	9	7	3	1	4	2	6	8
4	8	6	7	9	2	5	3	1

158 答案

Time

目标时间 10分00秒

实测时间 分 秒

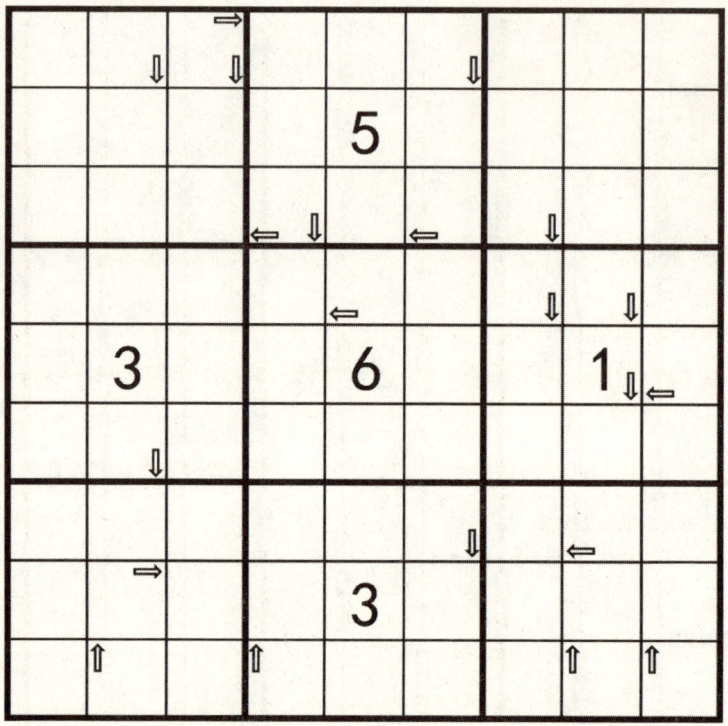

161

Time

目标时间 5分00秒

实测时间 分 秒

5	6	4	9	2	1	3	8	7
1	8	9	3	4	7	5	2	6
7	3	2	5	6	8	4	1	9
4	7	8	2	1	5	9	6	3
3	9	1	6	8	4	7	5	2
2	5	6	7	9	3	8	4	1
6	1	3	8	5	9	2	7	4
9	2	5	4	7	6	1	3	8
8	4	7	1	3	2	6	9	5

169 答案

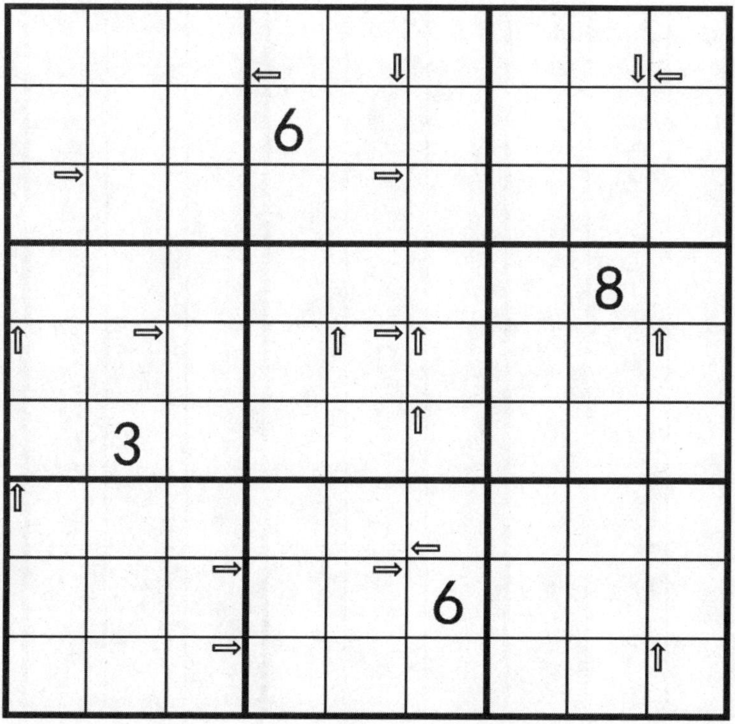

162

8	7	9	5	2	6	3	1	4
5	1	6	9	3	4	8	7	2
3	4	2	7	8	1	9	6	5
2	9	8	6	1	3	5	4	7
6	3	1	4	5	7	2	8	9
4	5	7	2	9	8	1	3	6
7	8	5	1	6	2	4	9	3
1	2	4	3	7	9	6	5	8
9	6	3	8	4	5	7	2	1

170 答案

Time

目标时间 5分00秒

实测时间 分 秒

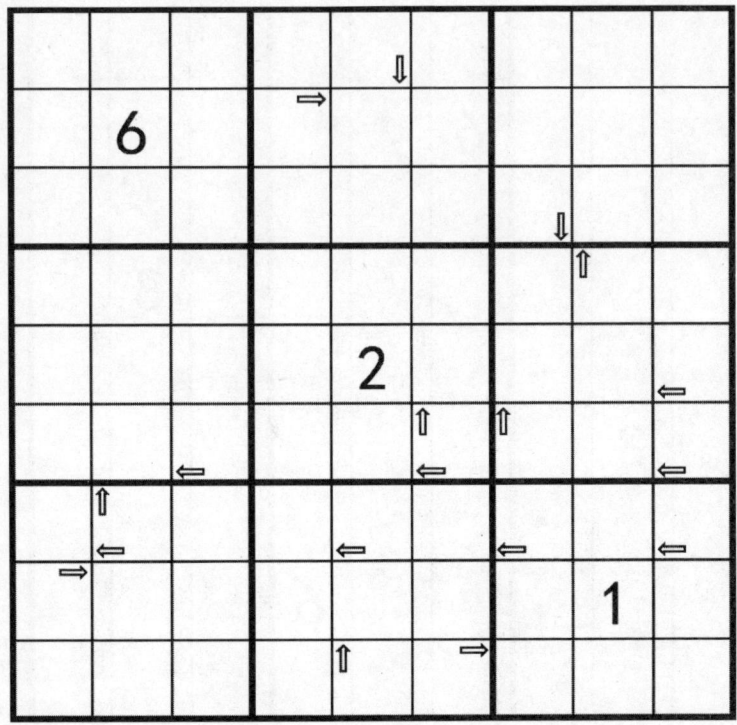

163

Time

目标时间 5分00秒

实测时间 分 秒

3	6	2	4	9	7	1	8	5
1	8	4	6	5	2	3	7	9
7	5	9	1	8	3	6	4	2
4	7	6	9	1	8	5	2	3
9	3	5	2	6	4	7	1	8
2	1	8	3	7	5	4	9	6
5	9	3	7	2	1	8	6	4
6	4	7	8	3	9	2	5	1
8	2	1	5	4	6	9	3	7

161 答案

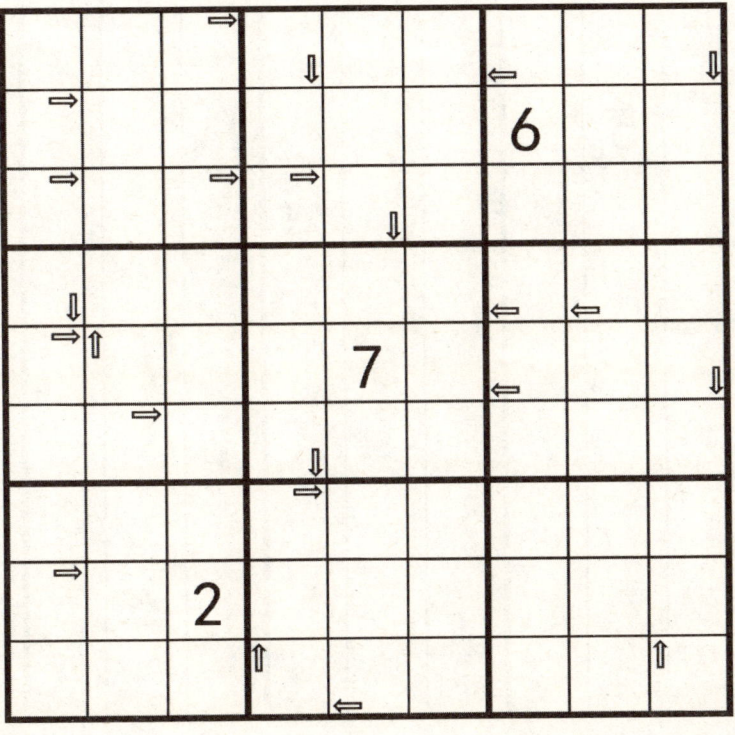

164

9	5	6	3	1	7	2	4	8
2	4	3	6	9	8	7	1	5
8	1	7	2	4	5	6	3	9
1	2	5	4	6	9	3	8	7
4	6	8	7	3	1	5	9	2
7	3	9	8	5	2	1	6	4
6	9	2	1	7	4	8	5	3
3	8	4	5	2	6	9	7	1
5	7	1	9	8	3	4	2	6

162 答案

Time

目标时间 **8**分**00**秒

实测时间 分 秒

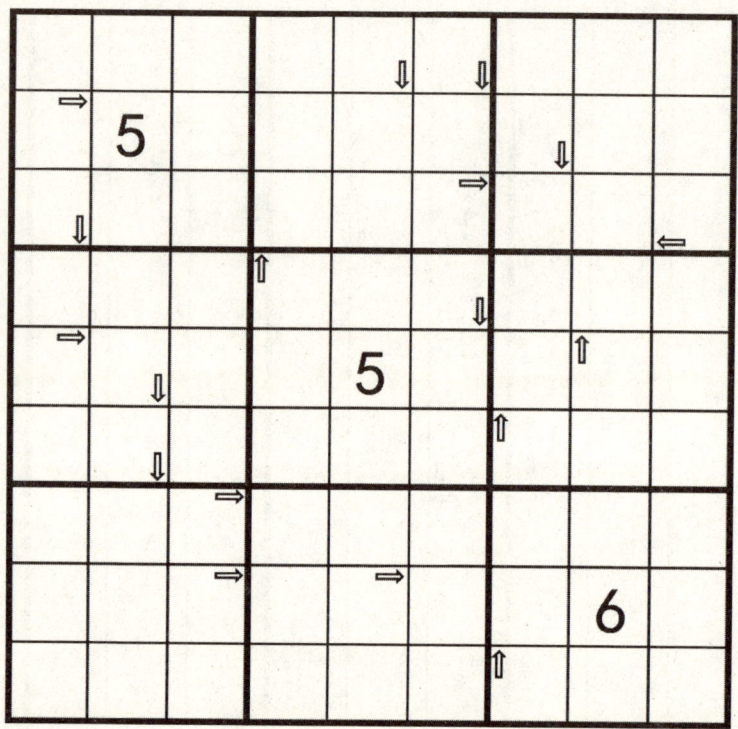

165

Time

目标时间 **8分00秒**

实测时间 分 秒

3	2	4	1	7	5	8	9	6
1	6	7	2	8	9	3	5	4
8	5	9	4	3	6	1	7	2
2	4	5	7	6	8	9	3	1
7	3	8	9	2	1	4	6	5
6	9	1	3	5	4	2	8	7
9	1	3	5	4	7	6	2	8
4	7	6	8	9	2	5	1	3
5	8	2	6	1	3	7	4	9

163 答案

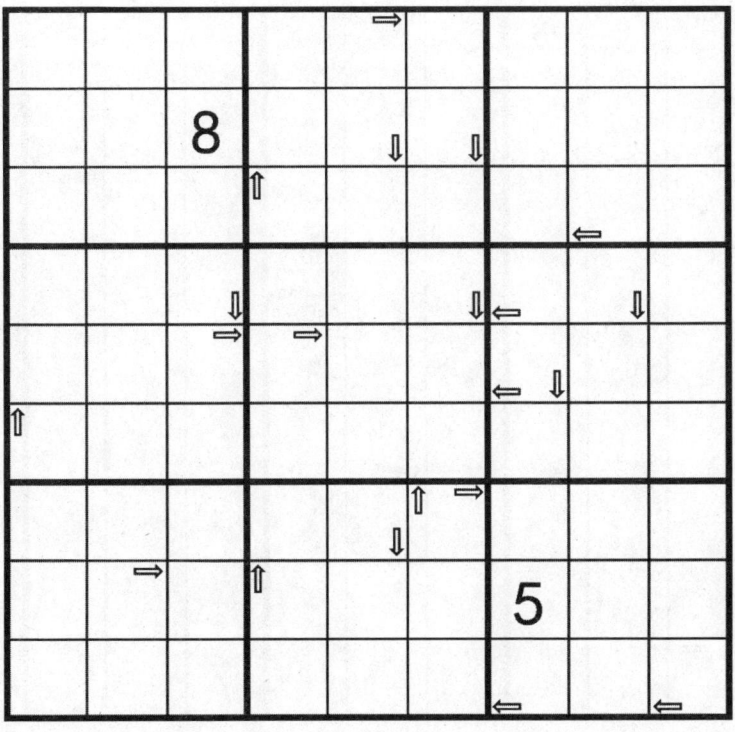

166

164 答案

第二章 变型数独练习题

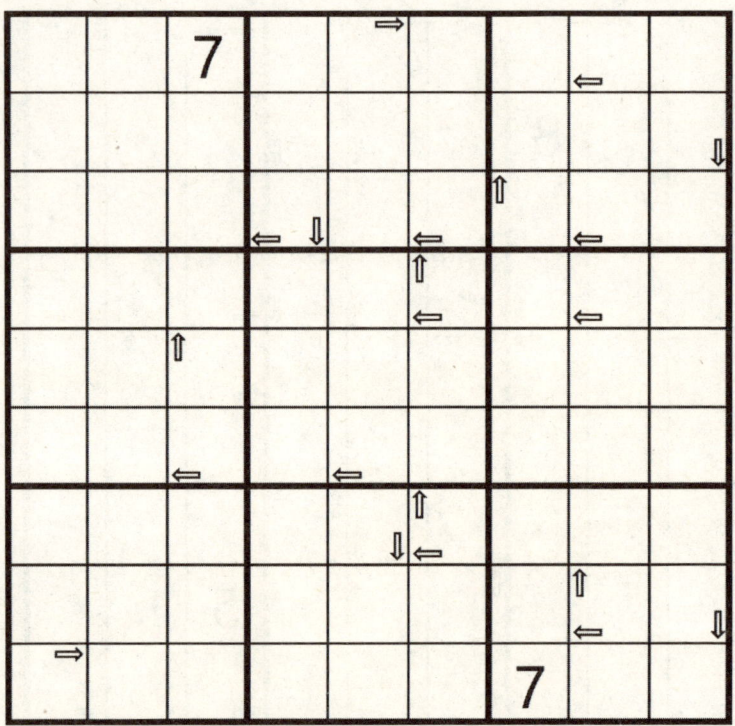

167

1	6	4	9	3	7	8	5	2
2	5	9	6	8	1	3	4	7
3	7	8	5	4	2	6	9	1
8	2	1	3	9	4	5	7	6
6	4	7	1	5	8	9	2	3
9	3	5	2	7	6	1	8	4
4	1	6	8	2	5	7	3	9
7	8	3	4	1	9	2	6	5
5	9	2	7	6	3	4	1	8

165 答案

Time
目标时间　实测时间
8分00秒　　分　秒

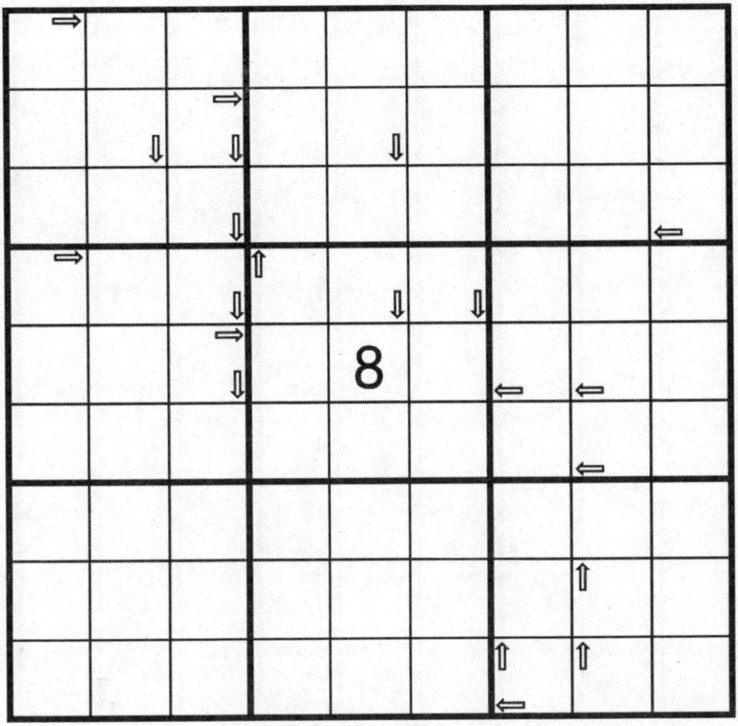

第二章 变型数独练习题

199

168

6	1	2	8	4	7	3	5	9
5	7	8	9	6	3	2	1	4
3	9	4	1	2	5	7	6	8
9	8	5	4	7	1	6	3	2
7	6	3	2	8	9	1	4	5
2	4	1	5	3	6	9	8	7
4	5	6	7	1	2	8	9	3
8	3	7	6	9	4	5	2	1
1	2	9	3	5	8	4	7	6

166 答案

Time
目标时间　实测时间
10分00秒　　分　秒

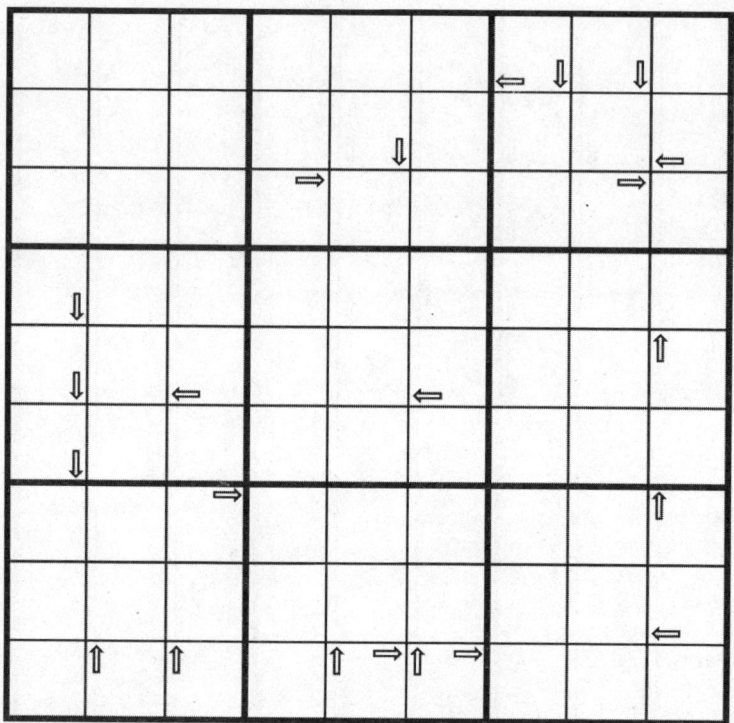

169

目标时间 **10**分**00**秒

实测时间 分 秒

5	3	7	6	2	8	9	1	4
1	2	8	4	5	9	3	6	7
6	4	9	1	7	3	2	5	8
7	5	6	9	8	2	1	4	3
3	8	2	7	4	1	6	9	5
4	9	1	5	3	6	8	7	2
9	7	3	2	1	5	4	8	6
2	6	4	8	9	7	5	3	1
8	1	5	3	6	4	7	2	9

167 答案

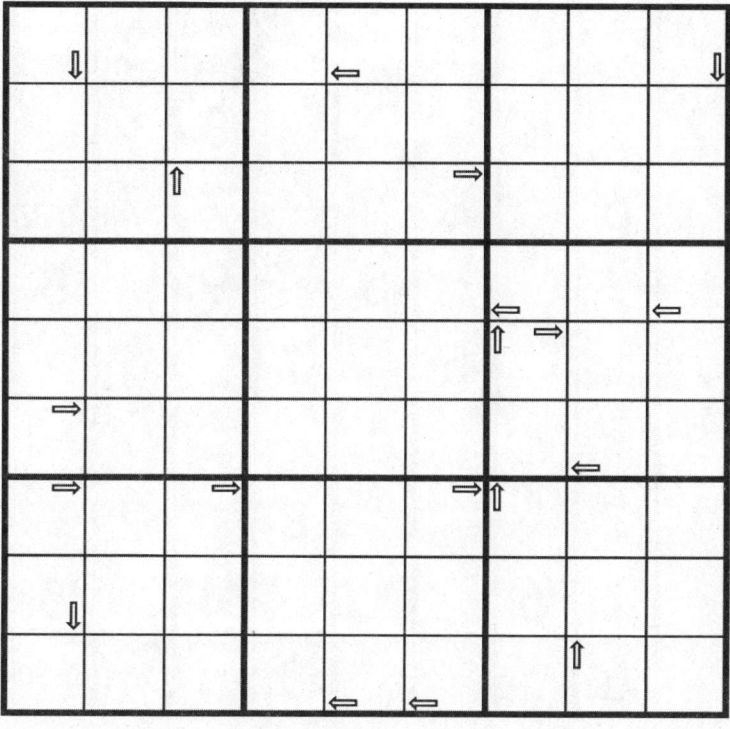

170

3	7	8	9	4	6	5	1	2
2	1	6	8	7	5	4	3	9
4	9	5	1	2	3	6	8	7
7	2	4	3	5	1	8	9	6
6	5	3	7	8	9	1	2	4
9	8	1	2	6	4	3	7	5
5	3	2	4	1	7	9	6	8
8	6	9	5	3	2	7	4	1
1	4	7	6	9	8	2	5	3

168 答案

Time

目标时间 **10**分**00**秒

实测时间 分 秒

联通数独

			1				3	
2		8				3		
	6		8				7	
				5		9		8
			5		1			
3		4		1				
	7				8		2	
		6				4		5
	5				3			

171

Time

目标时间 **5分00秒**

实测时间 分 秒

5	9	2	7	3	4	8	1	6
2	3	1	4	6	8	9	5	7
9	4	3	8	2	7	1	6	5
3	7	6	1	8	9	5	4	2
6	8	4	9	5	1	2	7	3
1	2	8	6	9	5	7	3	4
8	6	7	5	1	3	4	2	9
7	5	9	3	4	2	6	8	1
4	1	5	2	7	6	3	9	8

179 答案

			9			1		2
		6		5			3	
	1		6					8
1		4			3			
	3						4	
			3			9		4
3					6		9	
	7			8		6		
9		1			7			

172

7	9	4	6	1	2	3	8	5
1	4	8	2	7	9	5	6	3
5	7	2	3	6	1	8	9	4
6	5	9	8	4	3	7	1	2
4	3	1	7	9	5	6	2	8
9	6	5	1	2	8	4	3	7
2	8	6	5	3	7	9	4	1
3	1	7	9	8	4	2	5	6
8	2	3	4	5	6	1	7	9

180 答案

Time

目标时间 5分00秒

实测时间 分 秒

			6		3		8	
	1						9	6
		7		6		8		
6					7			2
		6				9		
7			1					3
		8		3		6		
5	9						3	
	6		7		4			

173

Time

目标时间 5分00秒

实测时间 分 秒

5	2	9	1	4	7	8	3	6
2	9	8	4	7	5	3	6	1
1	6	3	8	2	9	5	7	4
6	3	7	2	5	4	9	1	8
9	4	2	5	6	1	7	8	3
3	8	4	9	1	6	2	5	7
4	7	5	6	3	8	1	2	9
7	1	6	3	8	2	4	9	5
8	5	1	7	9	3	6	4	2

171 答案

	6		8					
					5	4		1
	2		1	8				
	3					8		9
		8		5		9		
4		9					1	
				3	4		9	
7		6	4					
					9		7	

174

8	4	3	9	7	5	1	6	2
4	9	6	2	5	1	8	3	7
7	1	9	6	2	4	3	5	8
1	5	4	8	6	3	2	7	9
6	3	8	1	9	2	7	4	5
5	6	7	3	1	8	9	2	4
3	8	2	7	4	6	5	9	1
2	7	5	4	8	9	6	1	3
9	2	1	5	3	7	4	8	6

172 答案

Time

目标时间 **8**分**00**秒

实测时间 分 秒

	6						1	
4		3				9		1
	1		2		5		9	
		7		2		3		
			1		2			
		1		7		6		
	8		7		4		5	
5		8				7		2
	5						6	

175

Time

目标时间 8分00秒

实测时间 分 秒

9	7	4	6	2	3	5	8	1
4	1	3	2	8	5	7	9	6
2	3	7	5	6	9	8	1	4
6	8	5	3	9	7	1	4	2
3	5	6	8	4	1	9	2	7
7	2	9	1	5	8	4	6	3
1	4	8	9	3	2	6	7	5
5	9	1	4	7	6	2	3	8
8	6	2	7	1	4	3	5	9

173 答案

8		7					3	
			7	4				5
9					3			
	1					2		
	9			3			8	
		1					7	
			3					4
2				1	5			
	7					3		8

176

5	6	2	8	9	1	7	3	4
6	7	3	9	2	5	4	8	1
9	2	4	1	8	7	3	6	5
2	3	1	7	4	6	8	5	9
3	1	8	6	5	2	9	4	7
4	8	9	5	7	3	6	1	2
8	5	7	2	3	4	1	9	6
7	9	6	4	1	8	5	2	3
1	4	5	3	6	9	2	7	8

174 答案

Time

目标时间 8分00秒

实测时间 分 秒

177

	6				3			
		8				1		6
	8		9	3			6	
8						2		
		3		2		6		
		1						5
	5			6	9		7	
4		6				3		
			7				3	

目标时间 8分00秒　实测时间　分　秒

2	6	5	3	8	9	4	1	7
4	2	3	6	5	8	9	7	1
7	1	4	2	3	5	8	9	6
1	4	7	5	2	6	3	8	9
9	7	6	1	4	2	5	3	8
8	9	1	4	7	3	6	2	5
6	8	9	7	1	4	2	5	3
5	3	8	9	6	1	7	4	2
3	5	2	8	9	7	1	6	4

175 答案

			4		8			
		1		8		9		
	9						4	
7			9		4			1
	8						1	
8			3		2			5
	3						5	
		4		2		5		
			6		5			

178

8	4	7	2	5	6	1	3	9
1	3	8	7	4	2	6	9	5
9	2	4	8	7	3	5	6	1
3	1	9	4	8	7	2	5	6
6	9	5	1	3	4	7	8	2
5	6	1	9	2	8	4	7	3
7	5	6	3	9	1	8	2	4
2	8	3	6	1	5	9	4	7
4	7	2	5	6	9	3	1	8

176 答案

Time

目标时间 10分00秒

实测时间 分 秒

	9			3	4			
2			4					
		3			7			
	7					5		2
6								3
1		8					3	
			5			4		
					2			1
			2	7			9	

179

Time

目标时间 10分00秒

实测时间 分 秒

2	6	9	8	7	3	5	1	4
5	4	8	3	9	7	1	2	6
7	8	5	9	3	1	4	6	2
8	3	7	5	1	6	2	4	9
9	7	3	1	2	4	6	5	8
3	9	1	6	4	2	7	8	5
1	5	2	4	6	9	8	7	3
4	1	6	2	5	8	3	9	7
6	2	4	7	8	5	9	3	1

177 答案

	9						8	
1				7				3
			3		1			
		9				7		
	3						2	
		5				4		
			5		7			
3				8				6
	2						7	

180

2	1	9	4	5	8	7	3	6
6	7	1	5	8	3	9	2	4
1	9	5	8	6	7	3	4	2
7	5	8	9	3	4	2	6	1
5	8	3	2	7	6	4	1	9
8	4	6	3	9	2	1	7	5
9	3	2	7	4	1	6	5	8
3	6	4	1	2	9	5	8	7
4	2	7	6	1	5	8	9	3

178 答案

Time

目标时间 **10分00秒**

实测时间 分 秒

依偎数独

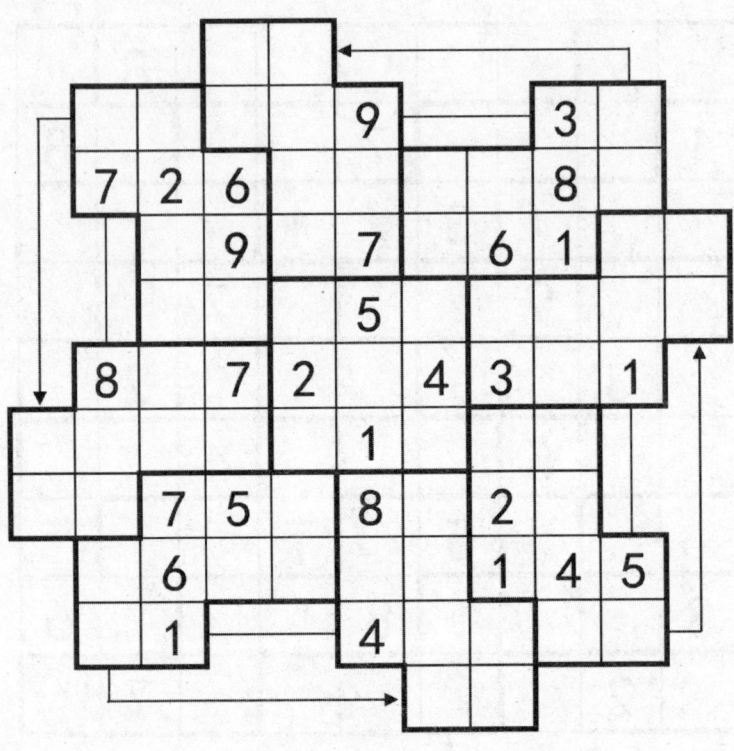

181

Time
目标时间　实测时间
5分00秒　　分　秒

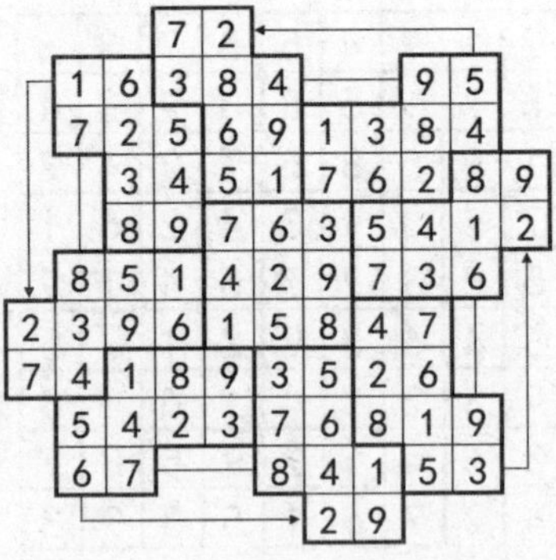

189答案

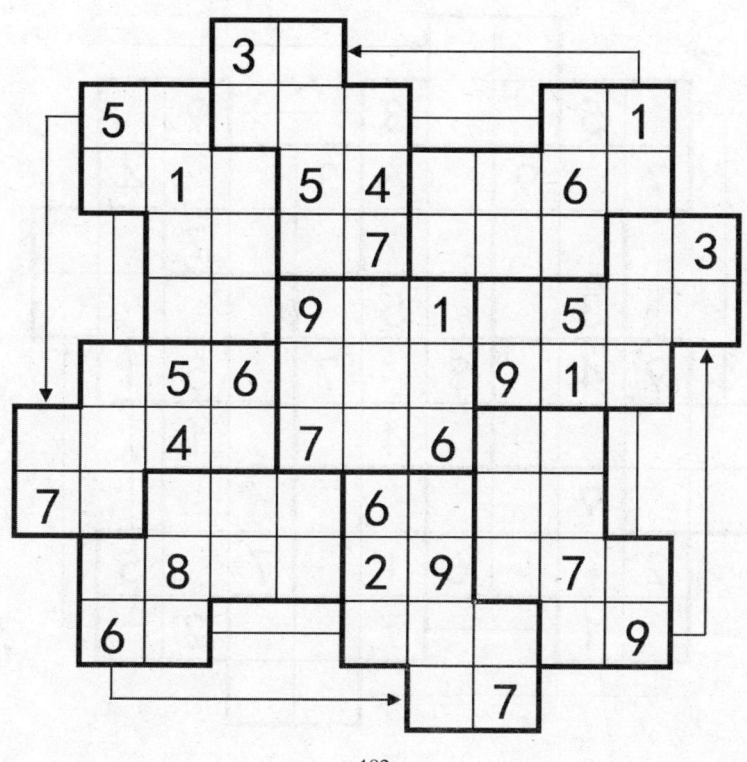

182

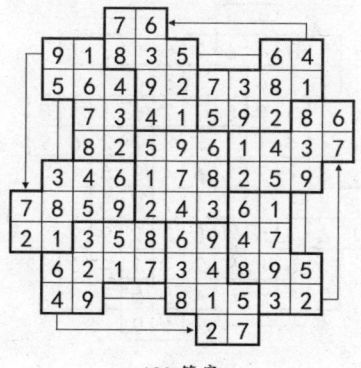

190 答案

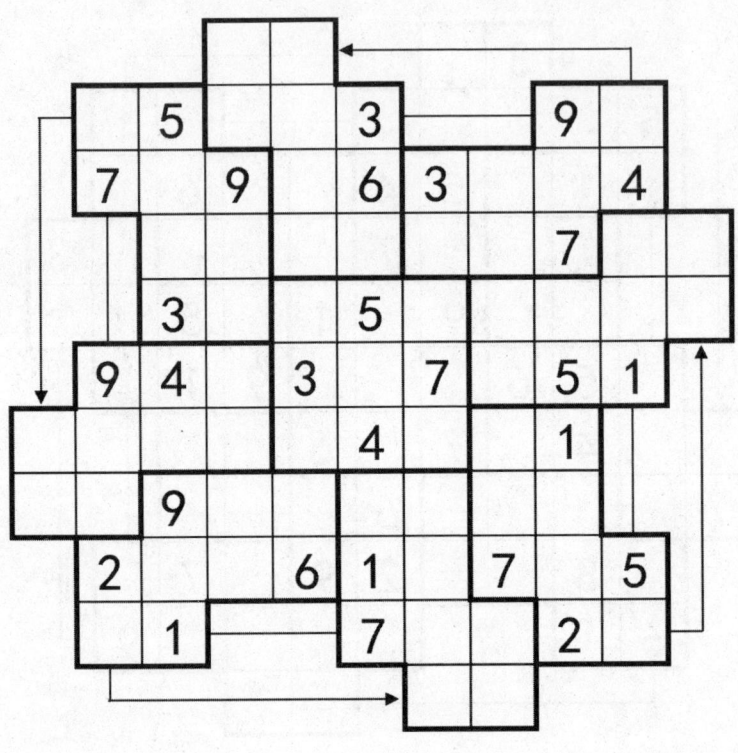

183

Time
目标时间　实测时间
5分00秒　　分　秒

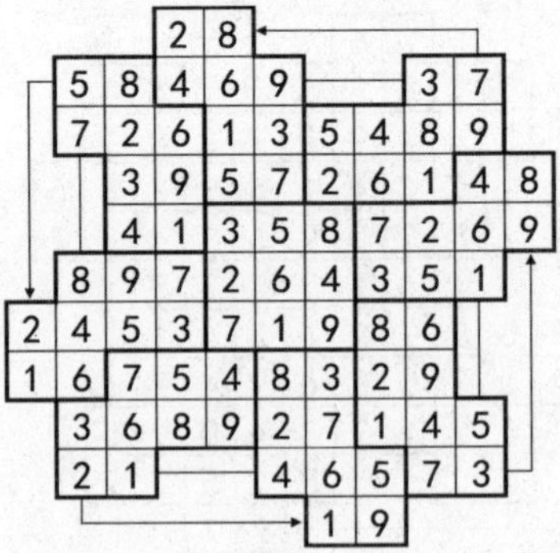

181 答案

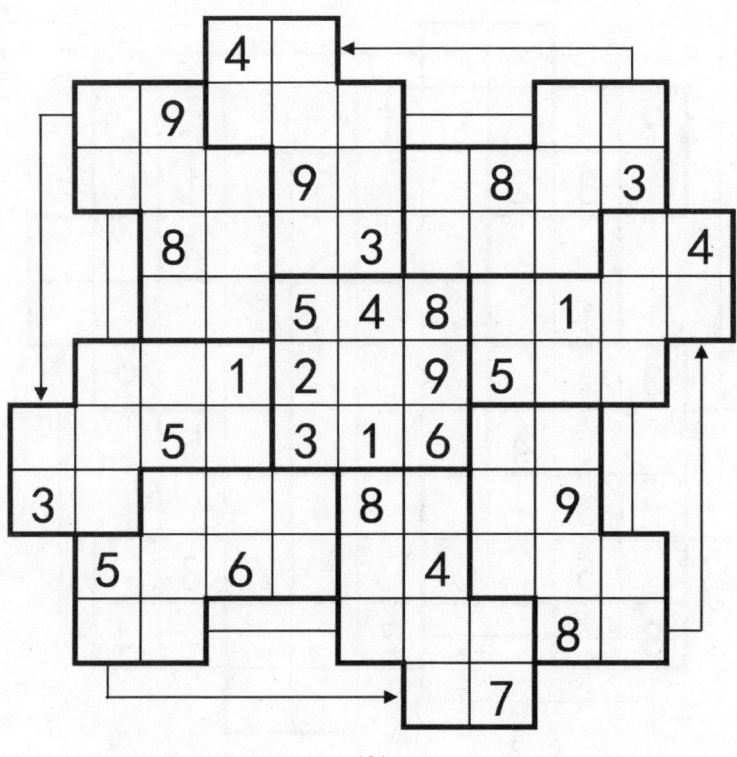

184

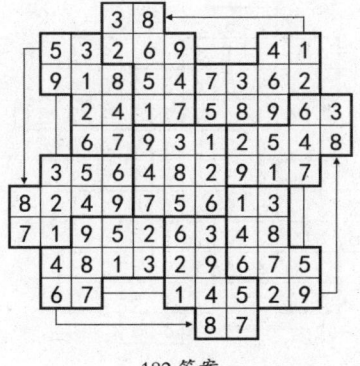

182 答案

Time

目标时间 **8**分**00**秒

实测时间 分 秒

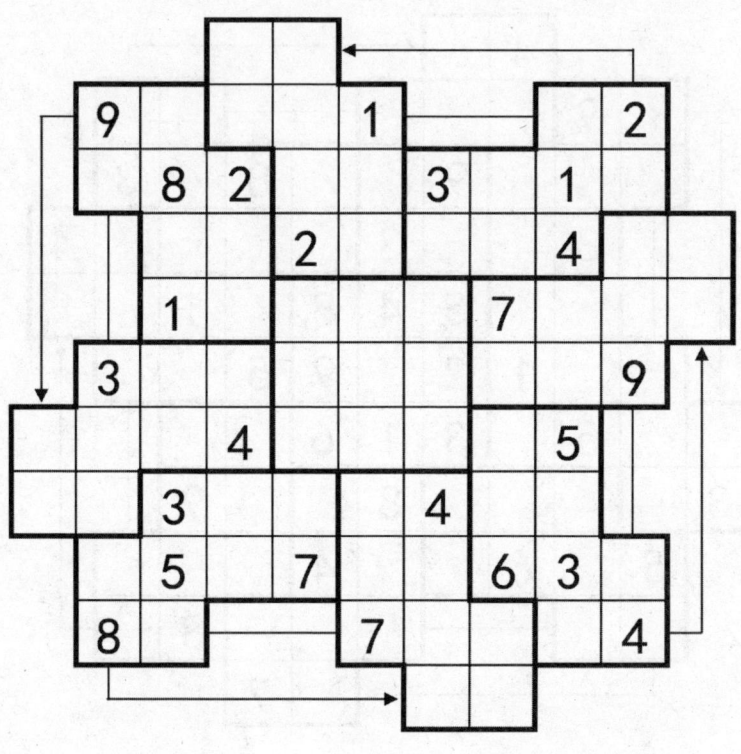

185

Time

目标时间 8分00秒

实测时间 分 秒

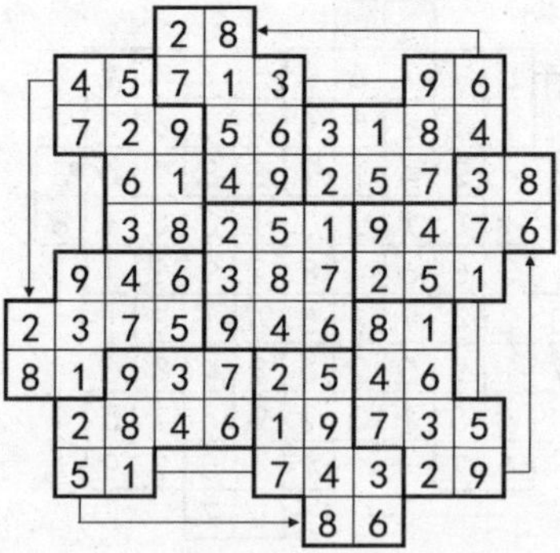

183 答案

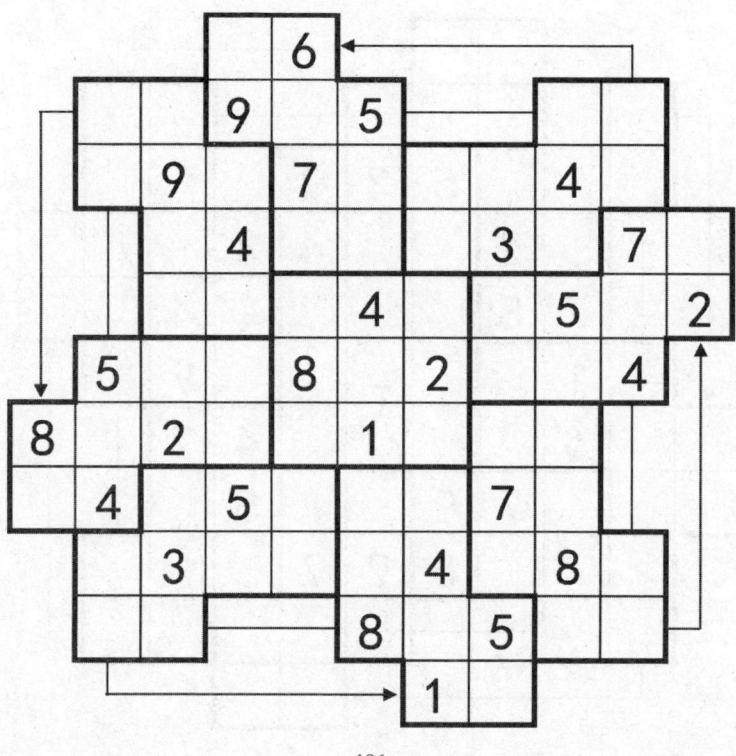

186

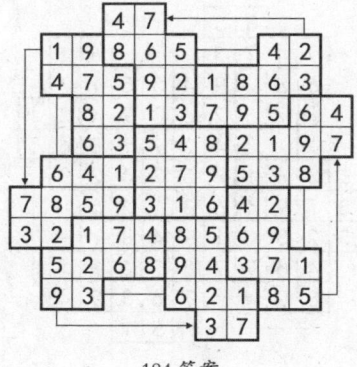

184 答案

Time
目标时间	实测时间
8分**00**秒	分 秒

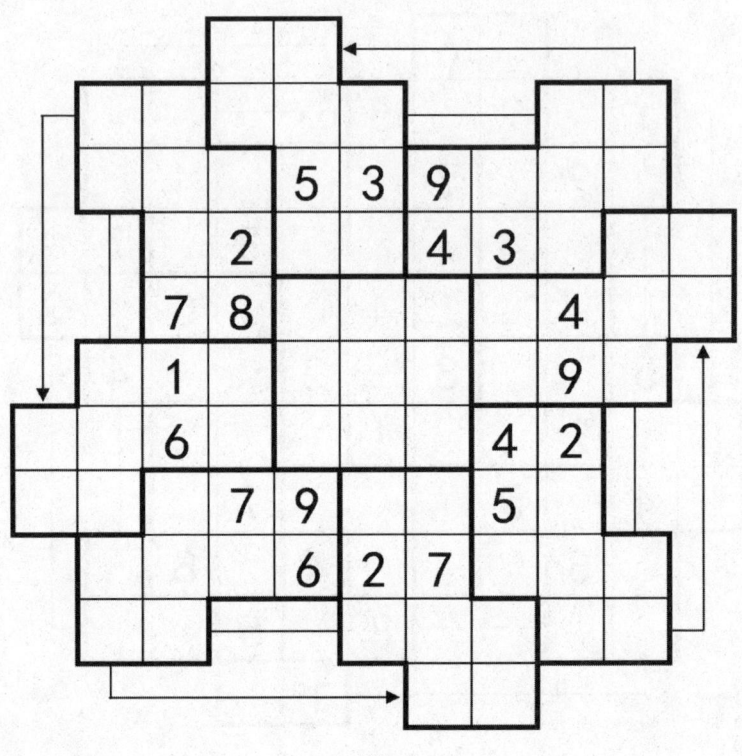

187

Time
目标时间 实测时间
8分00秒 分 秒

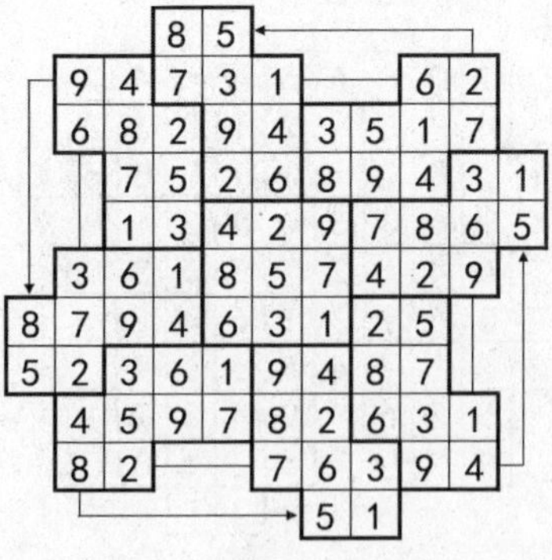

185 答案

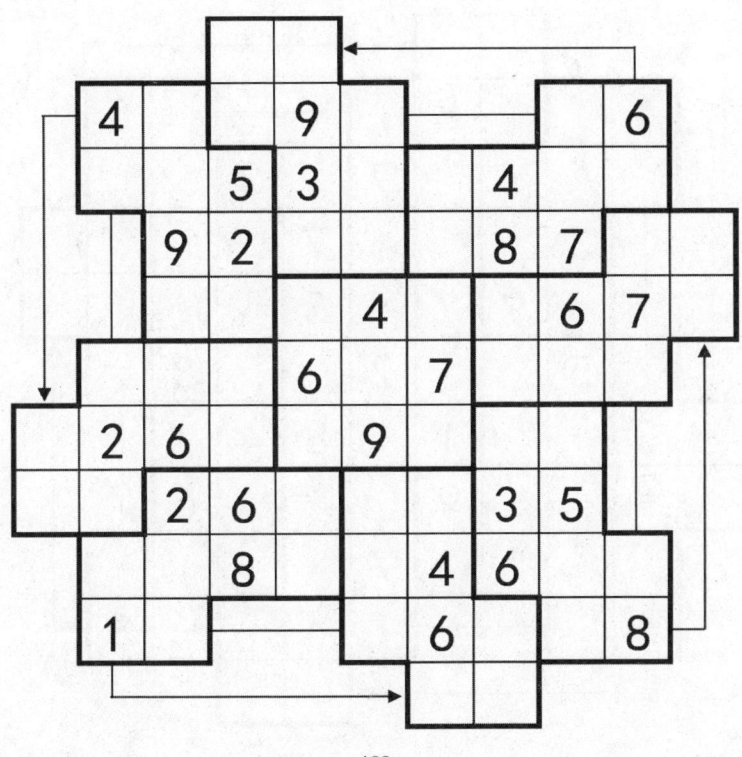

188

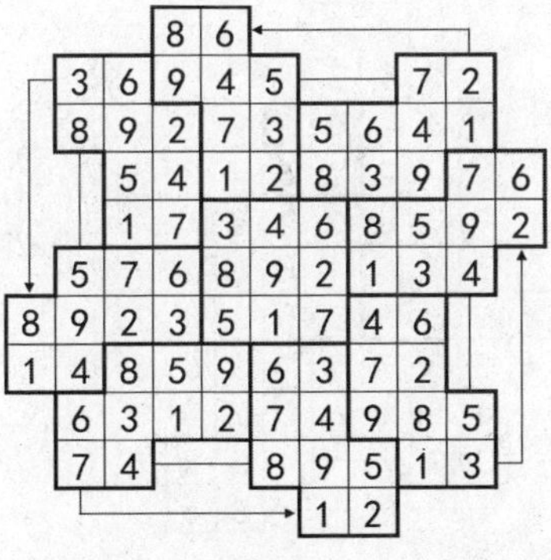

186 答案

Time
目标时间　实测时间
10分00秒　　分　秒

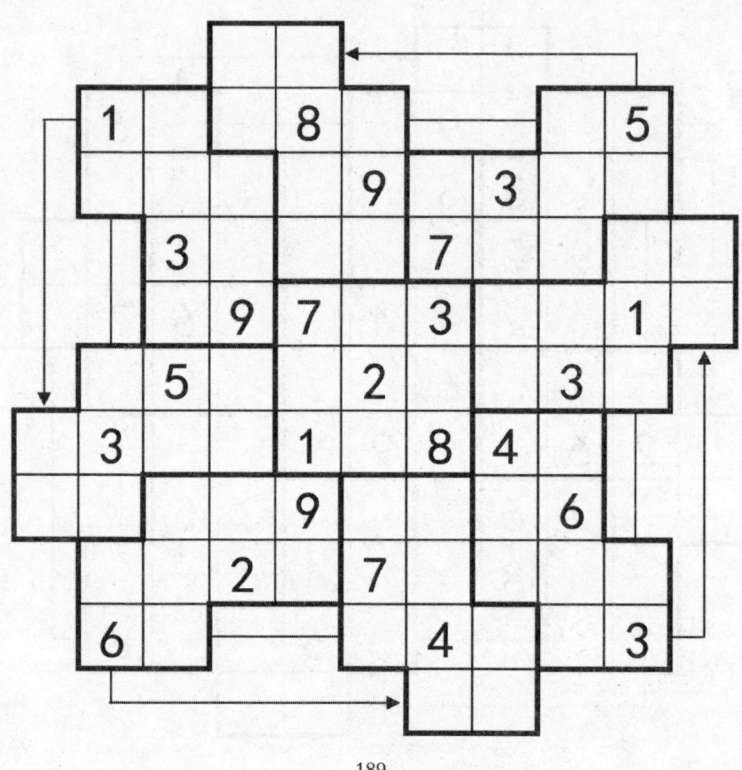

189

Time

目标时间 10分00秒

实测时间 分 秒

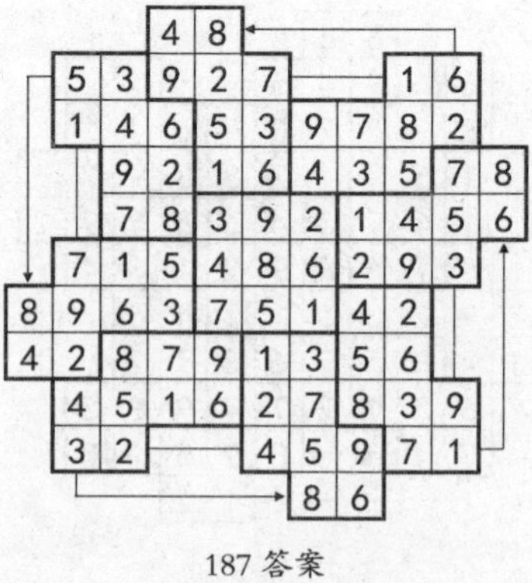

187 答案

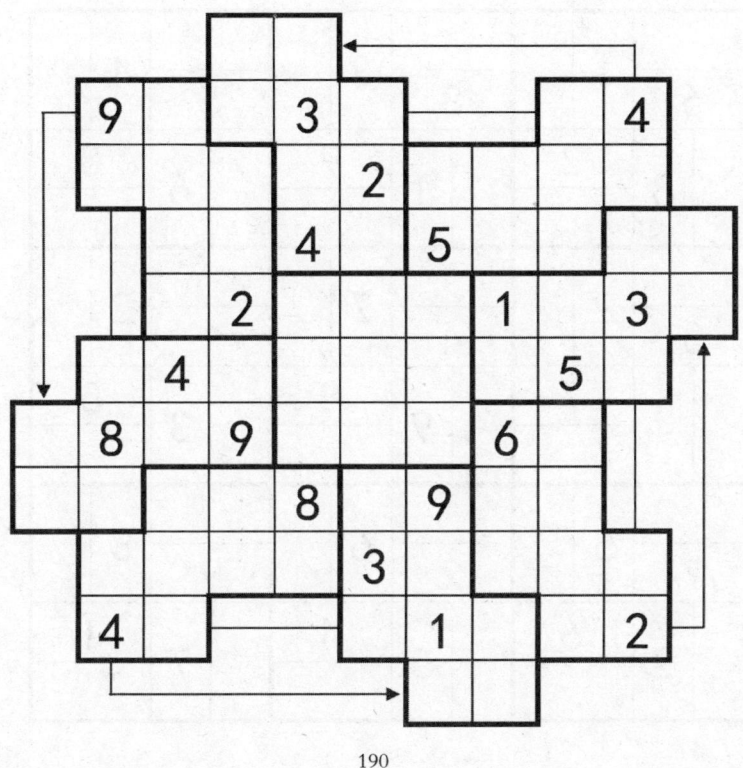

190

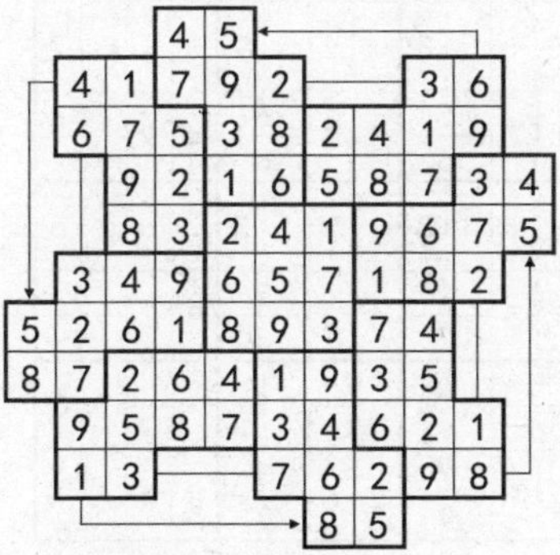

188 答案

Time
目标时间　实测时间
10分00秒　　分　秒

第二章 变型数独练习题

经纬数独

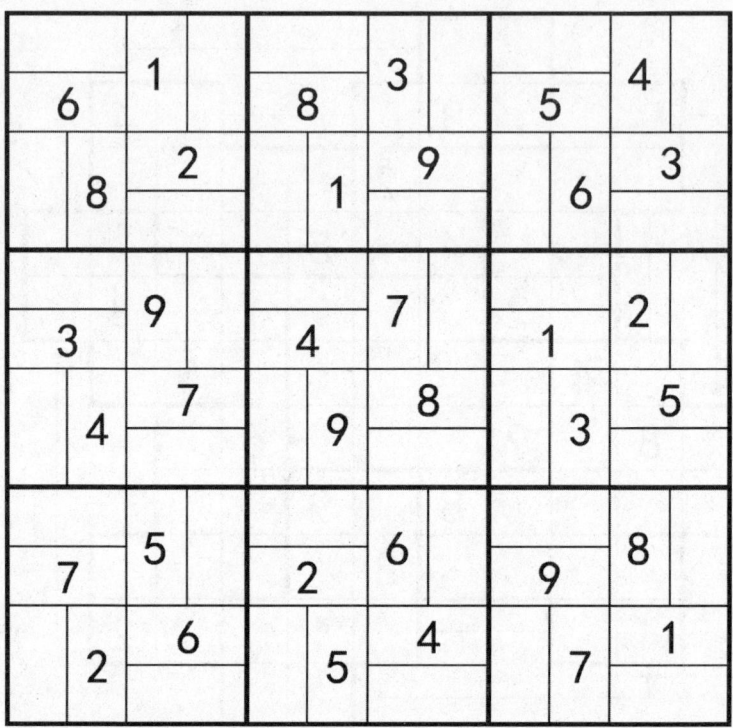

Time
目标时间 5分00秒　实测时间　分　秒

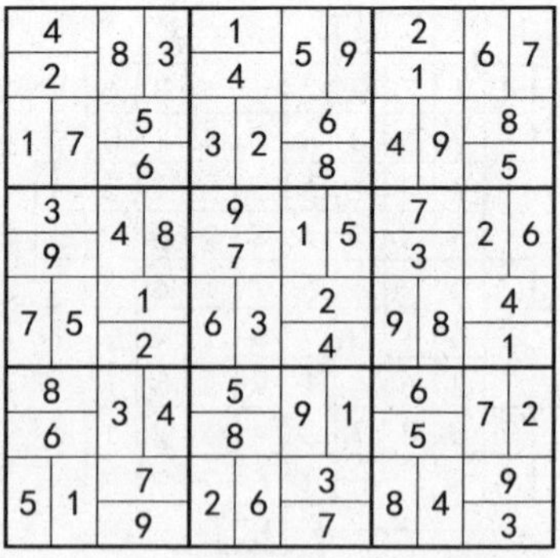

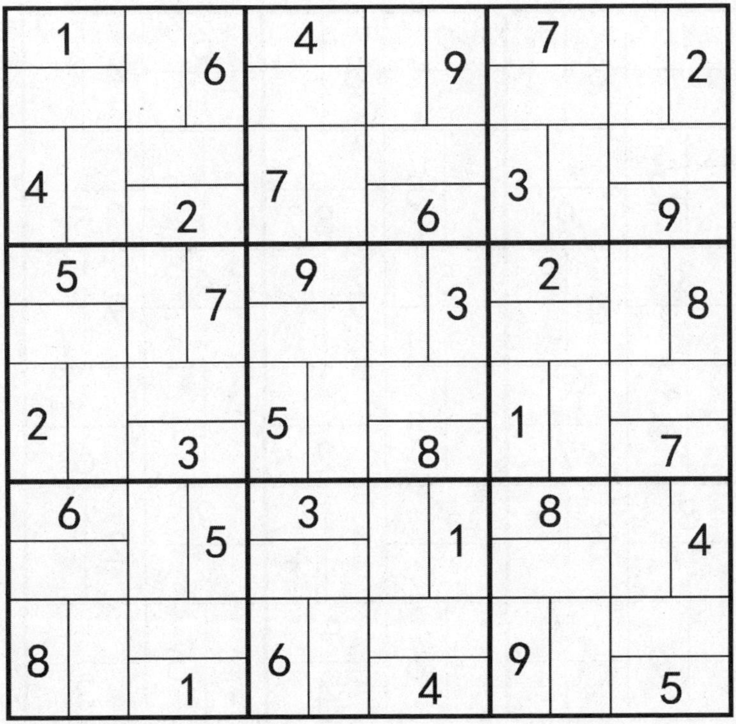

第二章 变型数独练习题

223

192

200 答案

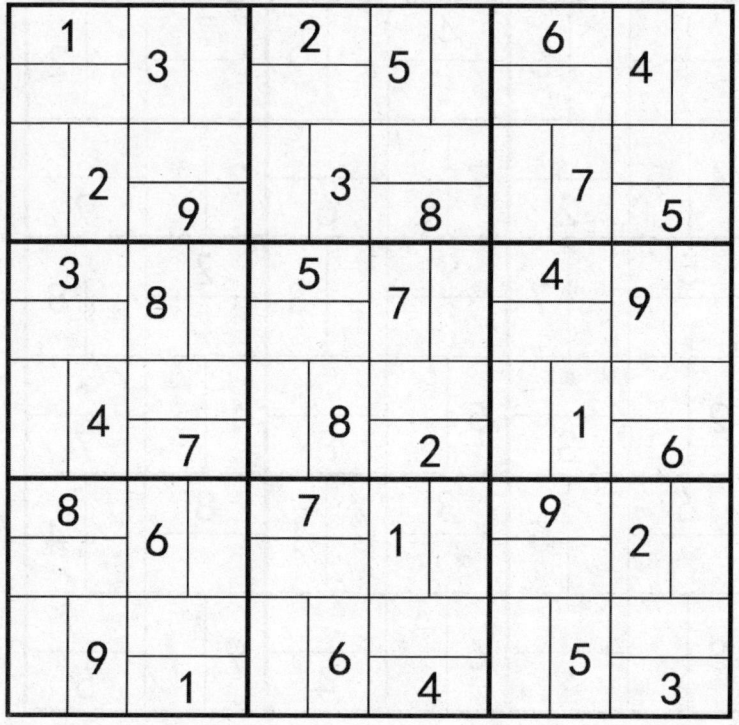

193

Time

目标时间　实测时间
5分00秒　　分　秒

5 6	1	9	6 8	3	7	8 5	4	2
4	8	2 3	5	1	9 2	7	6	3 9
1 3	9	5	3 4	7	6	4 1	2	8
2	4	7 8	1	9	8 5	6	3	5 7
9 7	5	1	7 2	6	3	2 9	8	4
8	2	6 4	9	5	4 1	3	7	1 6

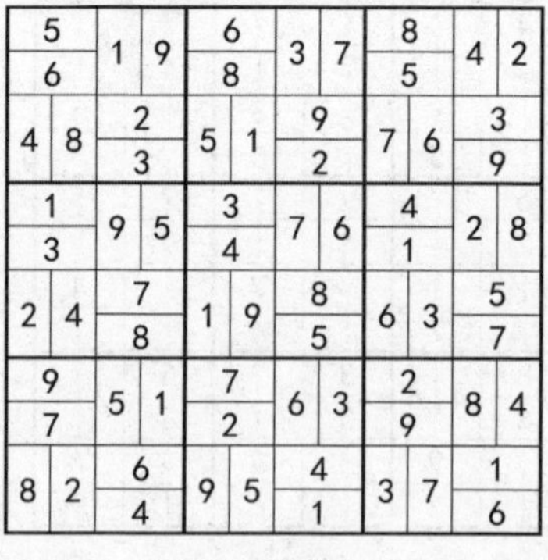

191 答案

224

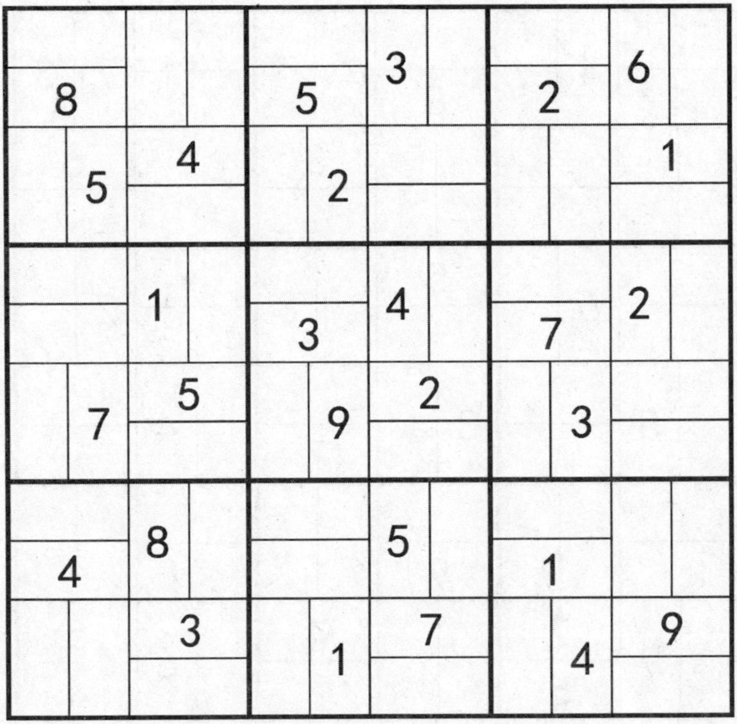

第二章 | 变型数独练习题

194

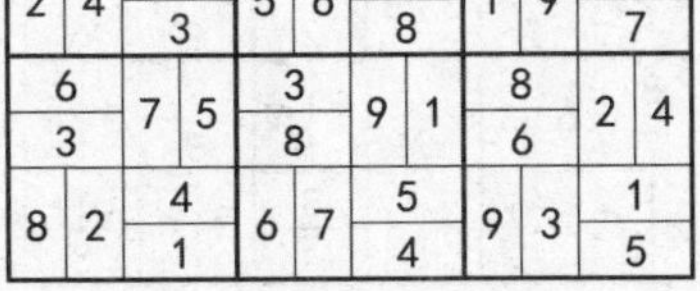

192 答案

1/7	5	6	4/1	3	9	7/4	8	2
4	8	9/2	7	5	2/6	3	1	6/9
5/9	6	7	9/2	1	3	2/5	4	8
2	4	8/3	5	6	7/8	1	9	3/7
6/3	7	5	3/8	9	1	8/6	2	4
8	2	4/1	6	7	5/4	9	3	1/5

Time
目标时间 **8分00秒** 实测时间 　分　秒

195

2		4		8			7	3
1					3			6
	6		5		8		2	
5			3		7		4	
				9				5
9	2			4		6		4
	5							

Time
目标时间 **8分00秒**　实测时间　分　秒

193 答案

1	3	8	2	5	7	6	4	9
6			1			2		
4	2	5	6	3	9	1	7	8
		9						5
3	8	6	5	7	1	4	9	2
5			4					
9	4	2	3	8	6	5	1	7
		7			2			6
8	6	3	7	1	5	9	2	4
7			9			8		
2	9	4	8	6	3	7	5	1
		1			4			3

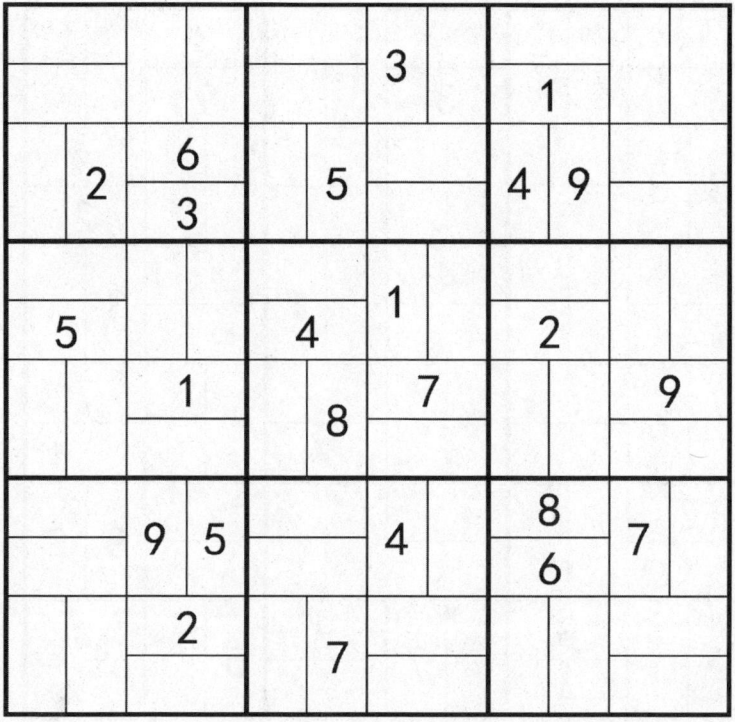

196

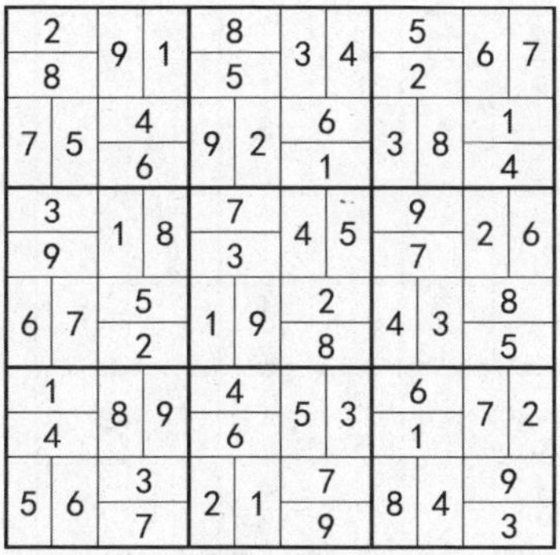

194 答案

第二章 变型数独练习题

227

Time
目标时间　实测时间
8分00秒　　分　秒

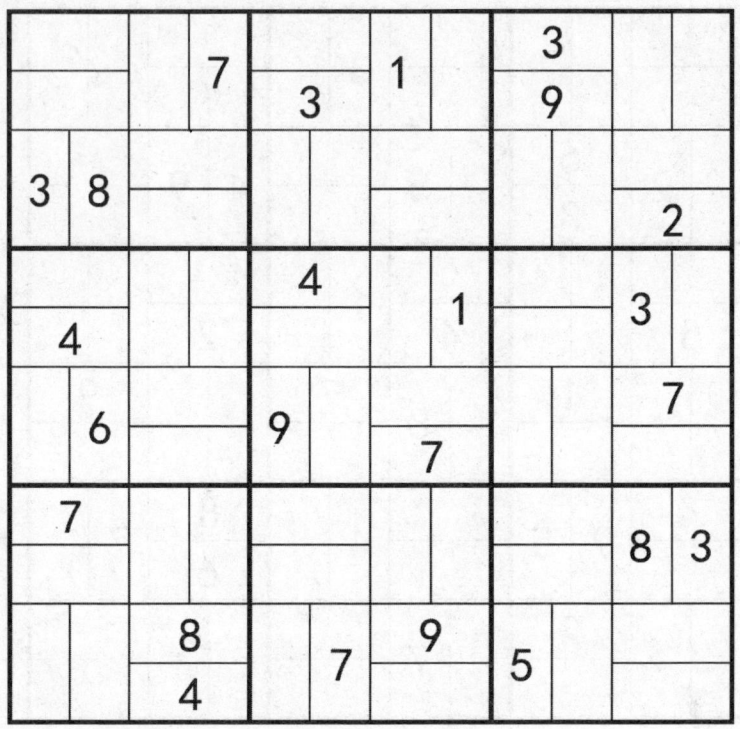

197

195 答案

Time
目标时间　　实测时间
8分00秒　　分　秒

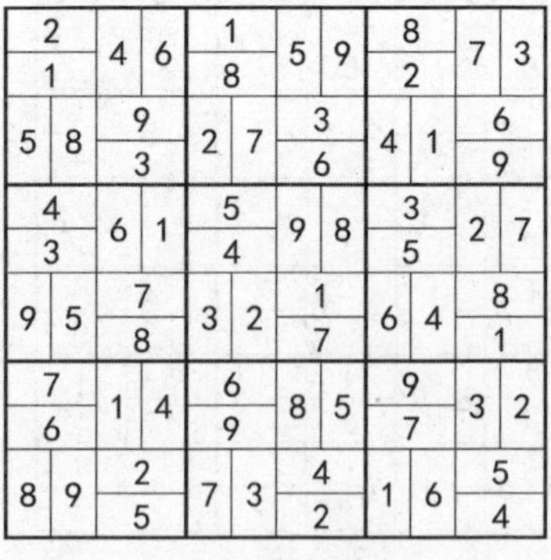

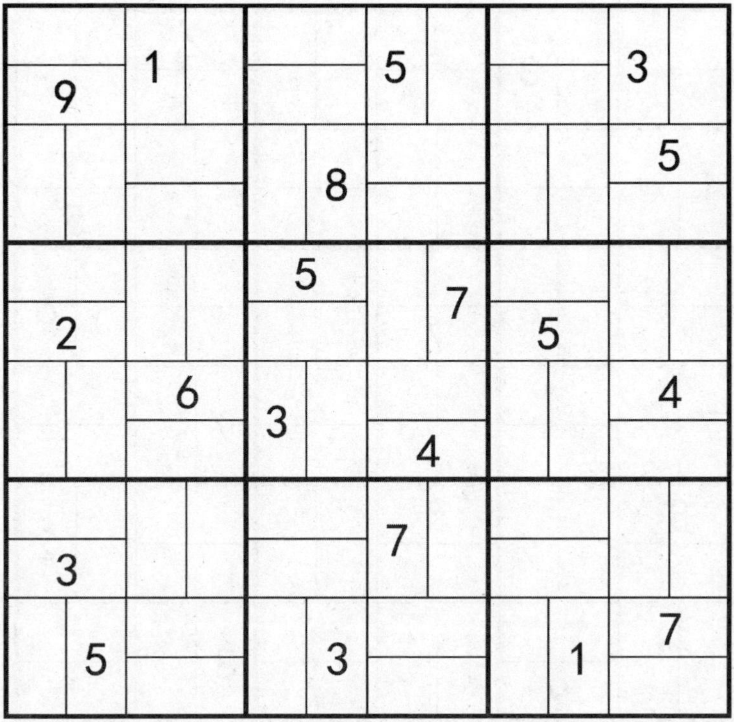

第二章 变型数独练习题

198

	9		5	8		1	9		3	4		7	1		2	6
7																

196 答案

Time
目标时间　实测时间
10分00秒　　分　秒

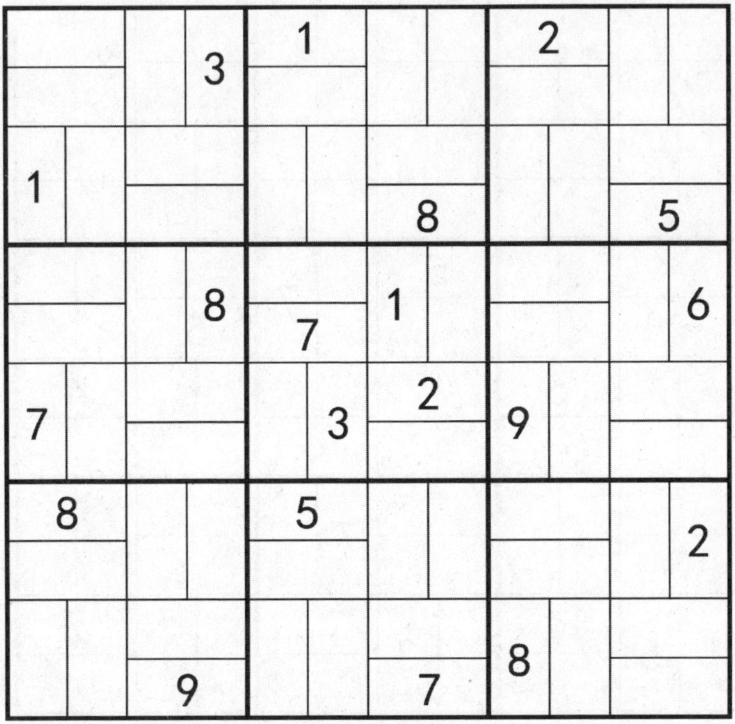

199

Time
目标时间　　实测时间
10分**00**秒　　分　秒

9 5	2	7	5 3	1	4	3 9	6	8
3	8	6 1	7	9	2 6	4	5	1 2
2 4	7	9	4 8	5	1	8 2	3	6
8	6	5 3	9	2	3 7	1	4	7 5
7 1	9	2	1 6	4	5	6 7	8	3
6	3	8 4	2	7	9 8	5	1	4 9

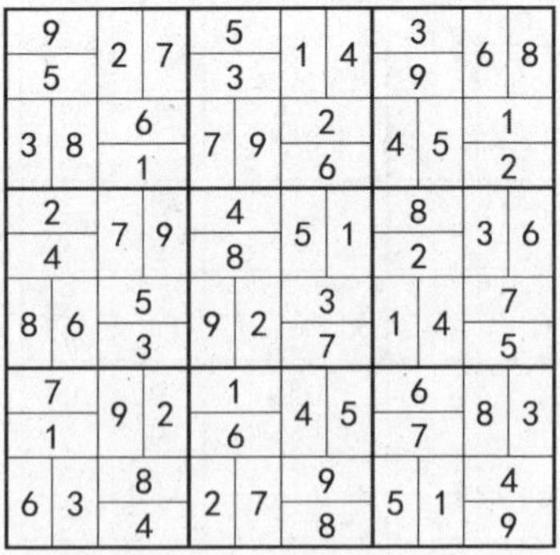

197 答案

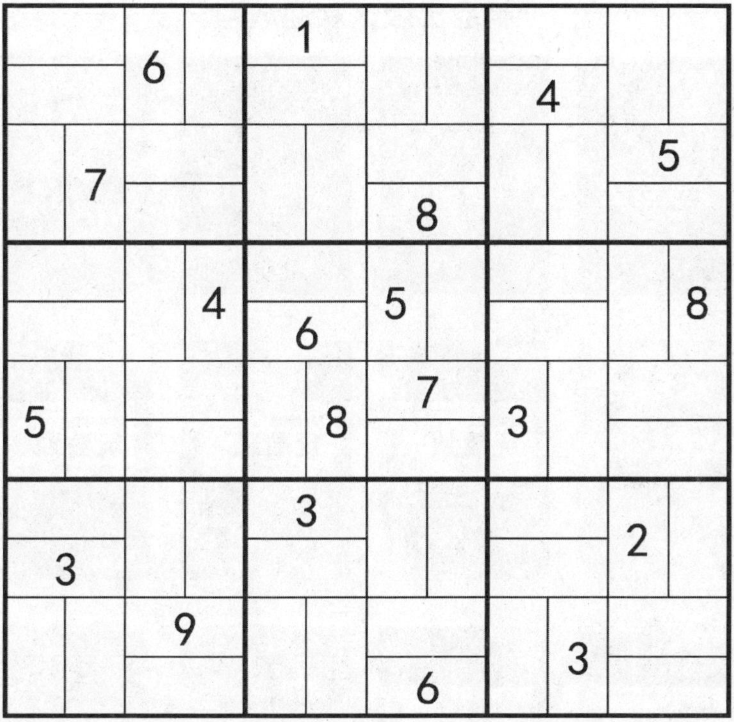

200

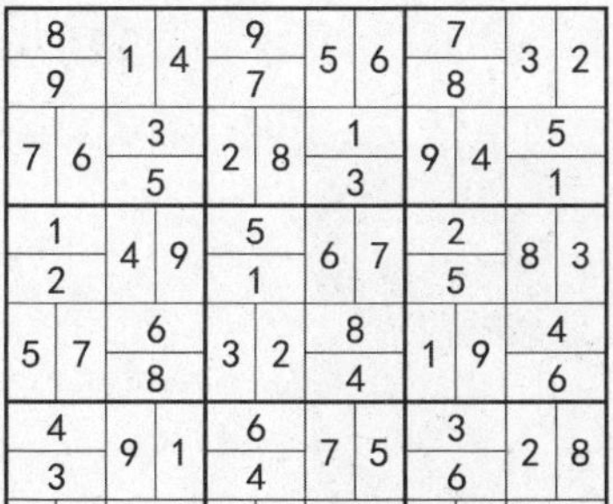

198 答案

第二章 变型数独练习题

231

---------- 精品出版，欢迎选购 ----------

---------- 即将出版，敬请期待 ----------

世界经典
趣味数字谜题
系列

（数独上）

世界经典
趣味数字谜题
系列

（数独下）

世界经典
趣味数字谜题
系列

（XXOO）

世界经典
趣味数字谜题
系列

（岛）

世界经典
趣味数字谜题
系列

（战舰）

世界经典
趣味数字谜题
系列

（数和）

世界经典
趣味数字谜题
系列

（连数字）

世界经典
趣味数字谜题
系列

（填方块）

从零开始
玩谜题系列

（战舰、珍珠、帐篷）

从零开始
玩谜题系列

（数壹、蛇、仙人指路）

从零开始
玩谜题系列

（膏膏、美术馆、星战）

从零开始
玩谜题系列

（数墙、数方、四回）

从零开始
玩谜题系列

（数回、简单ABC、Tapa）

趣味数独
——350——

（上）

趣味数独
——350——

（下）